Hüttenwandern
zwischen Allgäu und Berchtesgaden

Hütten-wandern

zwischen Allgäu und Berchtesgaden

Wolfgang Taschner
Michael Reimer

BRUCKMANN

INHALTSVERZEICHNIS

Kalaalm

Wegweiser zur Kenzenhütte

Tegernseer und Schlierseer Berge

INHALTSVERZEICHNIS

Lobentalbach

Rofangebirge

Karwendelgebirge

Tölzer Land und Estergebirge

Wettersteingebirge

Blaueishütte

Ammergauer Alpen

Allgäuer Alpen und Kleinwalsertal

DAS HÜTTENERLEBNIS

Die letzten Meter des Anstiegs sind zurückgelegt, im warmen Licht der Abendsonne taucht die Hütte vor der Wandergruppe auf. Die Holzbänke vor dem Eingang laden zum Ausruhen, die Vorfreude auf ein kühles Getränk und eine Brotzeit steigt. Ringsherum leuchten Alpenrosen aus dem satten Grün der Bergwiese, im Hintergrund ist der schmale Steig Richtung Gipfel gerade noch erkennbar – das Ziel des nächsten Tages. Schon kurz nach Einbruch der Dunkelheit versinken die Wanderer in einen wohlverdienten Schlaf, den mit Sicherheit kein Autolärm stören wird. Am nächsten Tag, wenn gleich nach dem Frühstück die Sonne hinter den Berggipfeln zum Vorschein kommt, sind die Rucksäcke schon wieder geschultert und die Tour geht weiter. Die nächste Hütte wartet schon.

Hüttenwandern liegt voll im Trend. Immerhin können in den 327 Hütten des Deutschen Alpenvereins knapp 700.000 Übernachtungen im Jahr verbucht werden. Hinzu kommen nochmals rund zwei Millionen Tagesgäste. Die höchstgelegene Alpenvereinshütte ist im Übrigen das Brandenburger Haus, das auf 3272 Meter Höhe in den Ötztaler Alpen liegt; die größte Hütte mit 342 Schlafplätzen ist die Rappenseehütte in den Allgäuer Alpen und zu den kleinsten Hütten zählen Notunterkünfte wie beispielsweise das Augsburger, Forchheimer oder Watzmann-Ostwand-Biwak.

Die ältesten Hütten sind das 1815 erbaute Schwabenhaus und die Bochumer Hütte aus dem Jahr 1832. Brandneu sind die Stüdlhütte (1996) und die Tutzinger Hütte, die 1999 anstelle der baufällig gewordenen alten

Sämtliche im Buch vorgestellten Hütten sind auf gut begehbaren Wanderwegen erreichbar. Bei den Gipfelbesteigungen – im Bild der Brünnstein – erhöhen sich die Schwierigkeiten mitunter.

Hütte komplett neu errichtet worden ist. Aus Umweltschutzgründen baut der Alpenverein keine weiteren Hütten in neuen Gebieten, auch bestehende Hütten sollen nur dann erweitert werden, wenn tatsächlich Bedarf besteht. Engpässe bei den rund 20.000 Schlafplätzen gibt es lediglich an einigen Wochenenden mit schönem Wetter in der Hauptsaison. Hier wird Wanderern und Bergsteigern empfohlen, sich zuvor beim Hüttenwirt nach den aktuellen Gegebenheiten zu erkundigen.

Der Hüttenwirt muss rechtzeitig einen Holzvorrat für kühle Herbsttage anlegen.

Alltag auf der Hütte

Alpine Landschaft, Blick ins Tal, schönes Wetter und urige Atmosphäre – alles was der Hüttenbesucher als Idylle erlebt, gehört für das dienstleistende Team zum Alltag. Natürlich fühlen sich die Menschen, die ständig auf der Hütte leben, dort auch wohl, trotzdem steht bei all den schönen Momenten die Arbeit im Vordergrund. Bereits morgens um halb sechs, bevor die ersten Gäste erwachen, steht die Hüttenwirtin oder der Hüttenwirt in der Küche, bringt das Teewasser zum Kochen, schneidet Brot in Scheiben und verteilt Butter und Marmelade auf die Teller. Spätestens um sieben ist die ganze Hütte auf den Beinen, der Trubel verlagert sich allmählich vom Waschraum in die Stube, in der Küche herrscht dann Hochbetrieb.

Sobald die ersten Wanderer ihren Rucksack gepackt haben und in der Küche langsam Ruhe einkehrt, gehen die ersten Mitarbeiter schon einmal nach oben, um mit dem Aufräumen der Zimmer zu beginnen. Gegen 9 Uhr wirkt die Hütte dann wie verlassen, auch die letzten »Langschläfer« haben sich auf den Weg gemacht. Zeit für das Team, selbst in Ruhe zu frühstücken. Gleich anschließend heißt es alle Schlafräume in Ordnung bringen und alle Waschräume sowie Duschen und Toiletten putzen.

Viel Zeit bleibt für diese Arbeiten nicht, denn wenig später stehen bereits die ersten Tagesgäste vor der Tür. Jetzt ist der Koch gefragt. Aus der Küche zieht der Bratenduft durch das Haus, lautstark ist das Geräusch beim Schneiden von Zutaten für andere Gerichte zu vernehmen. Zwischen 11 und 14 Uhr ist dann wieder die gesamte Hüttencrew auf den Beinen, um die Wanderer mit Brotzeiten und Mittagessen zu versorgen. Erst wenn es wieder etwas ruhiger wird, bleibt für die ermüdeten Mitarbeiter etwas Zeit zum Ausruhen.

Ab dem frühen Nachmittag erscheinen die ersten Übernachtungsgäste. Sie bekommen gleich ihr Lager zugewiesen. Von 17 bis 20 Uhr ist wieder Hochbetrieb. Die müden und ausgehungerten Wanderer wollen verpflegt werden. Erst wenn später nur noch Getränke erhältlich sind, können sich die Mitarbeiter abwechselnd zum Essen zurückziehen, anschließend heißt es Küche aufräumen und das ganze Geschirr spülen.

Auf der einen oder anderen Hütte ist abends noch Hausmusik angesagt, an der sich auch das Personal gerne beteiligt. Spätestens um zehn ist dann für die Gäste Schluss, sie ziehen sich ins Lager zurück. Die Mitarbeiter räumen nochmals kurz auf und treffen bereits erste Vorbereitungen für das Frühstück, bevor auch sie ermüdet ins Bett fallen. Bis auf die Zeit in den wenigen Pausen zwischendurch haben sie die Idylle, in der sie den

Das Team von der Reintalangerhütte beim traditionellen Nachmittagskaffee

ganzen Sommer über leben, kaum genießen können. Dennoch arbeiten sie gerne auf der Hütte und viele können sich einen anderen Arbeitsplatz gar nicht vorstellen.

Natürlich gibt es auch Tage auf der Hütte, an denen nicht so viele Gäste kommen, doch dann muss die Zeit für andere Tätigkeiten genutzt werden. Allein die Besorgung des Nachschubs ist sehr aufwändig. Je nach den örtlichen Verhältnissen fährt einer mit dem Jeep zum Einkaufen ins Tal oder die Materialseilbahn wird in Betrieb genommen. Einige Hütten bekommen sogar mehrmals in der Saison ihre Waren per Hubschrauber eingeflogen.

Daneben fallen ständig Reparatur- und Renovierungsarbeiten an, alle Versorgungssysteme müssen laufend überprüft und gewartet werden. Die Arbeit geht selten aus, sodass sich mancher am Ende der Saison fragt, wo denn nur die Zeit geblieben ist. Spätestens dann sitzen nochmals alle gemütlich vor der Hütte, genießen die Ruhe, sinnieren über den abgelaufenen Sommer und freuen sich schon auf das nächste Frühjahr, wenn es wieder hinauf in die Bergwelt geht.

Ordnung muss sein

Alle Hütten des Deutschen Alpenvereins unterliegen einer Hüttenordnung, die im Gastraum für alle ersichtlich ausgehängt ist. Sie regelt den Ablauf und muss von allen Gästen eingehalten werden. Die meisten

Punkte sind selbstverständlich, sodass der Hüttenwirt nicht extra darauf verweisen muss. So hinterlässt man zum Beispiel auf der Hütte keinen Müll und nimmt seine mitgebrachten Dosen, Verpackungen oder Tüten wieder mit ins Tal.

Üblicherweise herrscht auf der Hütte zwischen 22 und 6 Uhr Nachtruhe, was im Übrigen auch für diejenigen gilt, die sich bereits in der Morgendämmerung auf die Socken machen wollen. Lediglich gegen das lautstarke Schnarchen gibt es noch kein Allheilmittel – im Lager hilft meist nur ein kräftiger Schubser, um zumindest für einige Minuten Ruhe zu haben.

In der Stube gilt als das höchste Gebot, die anderen Gäste nicht zu stören. Das gilt insbesondere für eingefleischte Handybenutzer, Kettenraucher oder Leute, die meinen, ein Radiogerät mit auf die Hütte nehmen zu müssen. Gerade in den Bergen sollte jeder auf diese nervtötenden Dinge ausnahmsweise mal verzichten können.

Es gibt allerdings auch Hütten, die der Ordnung des Alpenvereins nicht unterliegen oder auf denen es der Hüttenwirt mit der Nachtruhe nicht ganz so genau nimmt, wenn eine Gruppe abends noch etwas länger beim Bier sitzt. Meist handelt es sich dabei um Hütten, die weniger von Bergsteigern besucht werden und die bequem zu erreichen sind. Dass hingegen die Hütteneinrichtung sowie die ausgelegten Bücher und Karten sorgsam behandelt werden, versteht sich von selbst.

Die Schlafräume gelten als besonders geschützte Zone, sie dürfen weder mit Bergschuhen betreten werden, noch ist Rauchen oder das Hantieren mit offenem Feuer (Kerzen etc.) gestattet. Auch Haustiere haben keinen Zutritt.

Genauso wie bei den Übernachtungsgebühren wird auch hinsichtlich der Verpflegung zwischen Alpenvereinsmitgliedern und Nichtmitgliedern unterschieden: Bergsteigeressen, Bergsteigergetränke und Teewasser sind Mitgliedern vorbehalten, ihnen ist zudem der Verzehr von selbst mitgeführter Verpflegung – ausgenommen alkoholische Getränke – gestattet.

Bei der Ankunft sollte sich jeder Besucher mit Namen in das Hüttenbuch eintragen, die Angabe des nächsten Ziels dient dem leichteren Auffinden von Verunglückten und Vermissten. Die Vergabe der Schlafplätze erfolgt zunächst bevorzugt an Alpenvereinsmitglieder, die anderen müssen bis zum Abend warten. Abgewiesen wird jedoch selbst bei Überfüllung in der Dunkelheit niemand mehr. Dann heißt es im Lager zusammenrücken, notfalls muss auch mal der eine oder andere in der Stube oder im Notlager übernachten.

Die Speckknödelsuppe von der Priener Hütte

Auf dem Weg zur Bad Kissinger Hütte, die noch weit entfernt liegt.

Rechte Seite: Sonnenbad vor der Plumsjochhütte

Wie man sich bettet ...

Die Übernachtungsplätze auf den Hütten unterscheiden sich in mancherlei Hinsicht. Es gibt Matratzenlager, Zimmerlager und Betten, wobei man nicht überall zwischen allen drei Übernachtungsvarianten wählen kann. Das Matratzenlager ist ein großer Raum, der zumeist an Boden, Wänden und Decke mit Holzbrettern verschalt ist. Zu beiden Seiten eines Mittelgangs liegen etwa acht bis zwölf Matratzen nebeneinander, am Kopf- und Fußende ist für jeden eine kleine Ablagefläche vorhanden. Jeder Schlafplatz ist mit zwei dicken Wolldecken und einem Kissen ausgestattet. Aus hygienischen Gründen muss jeder Übernachtungsgast seinen eigenen Hüttenschlafsack mitbringen. Dieser ist aus einfachem Baumwollstoff zusammengenäht, hat einen seitlichen Einstieg und ein Kopfteil. Er ist für knapp 10 Euro in Sportgeschäften erhältlich, manche Hüttenwirte verkaufen ihn auch vor Ort (zuvor telefonisch anfragen). Die Ausführung in Naturseide ist leichter im Gewicht, kleiner im Packmaß und angenehmer für die Haut, kostet aber auch mindestens das Doppelte.
Das Zimmerlager ist ideal für kleinere Gruppen, die unter sich bleiben möchten. In der Regel stehen hier Stockbetten für vier oder sechs Personen in einem Raum. Zur Ablage gibt es meist einen kleinen Schrank. Wolldecken und Kissen sind wie im Matratzenlager vorhanden, der Hüttenschlafsack ist also auch hier erforderlich.
Die komfortabelste Übernachtungsmöglichkeit sind Betten, die wie in einer Pension mit frisch überzogenen Laken, Decken und Kissen schon für die Nacht vorbereitet sind. Diese Luxusvariante wird allerdings nicht überall angeboten. Meist sind es talnahe oder leicht zu erreichende Hütten, die die gemütlichen Zwei-, Drei- oder Vierbett-Zimmer anbieten.
Bei den Übernachtungspreisen auf den Hütten des Deutschen Alpenvereins (DAV) wird generell zwischen Mitgliedern und Nichtmitgliedern unterschieden. Die Hüttengebühren werden jedes Jahr neu festgelegt und sind am Aushang ersichtlich. Die Nacht im Matratzenlager kostet für DAV-Mitglieder je nach Hüttenkategorie etwa zwischen 7,50 Euro (Kategorie I) und 13 Euro (Kategorie II), Nichtmitglieder zahlen knapp das Doppelte. Die Plätze im Zimmerlager liegen etwa 25 Prozent darüber, Betten kosten rund die Hälfte mehr als das Matratzenlager. Es ist üblich, die Übernachtungskosten noch am Abend zu entrichten, damit man morgens schneller aufbrechen kann.

Hütteneinteilung

Die Alpenvereinshütten werden in die folgenden drei Kategorien eingeteilt:

- Kategorie I: Schutzhütte, die ihren ursprünglichen Charakter als Stützpunkt für Bergsteiger und Bergwanderer bewahrt. Die Ausstattung ist schlicht und es gibt einfache Verköstigung. Sie liegt in einem bergsteigerisch bedeutsamen Gebiet und ist meist nur durch einen mehrstündigen Aufstieg erreichbar.
- Kategorie II: Hütte in einem viel besuchten Gebiet mit besserer Ausstattung und Verköstigung. Sie eignet sich auch für mehrtägige Aufenthalte.

Wandern von Hütte zu Hütte ist im Trend. Von der Tannheimer Hütte etwa bietet sich der Übergang zur Otto-Mayr-Hütte oder Bad Kissinger Hütte an.

- Kategorie III: Über Seilbahn oder Straße gut erreichbare Hütte, die vorwiegend Ausflugsziel für Tagesbesucher ist und kaum Nächtigungen aufweist. Das gastronomische Angebot ist entsprechend umfangreich.

Die meisten Hütten sind entweder in Kategorie I oder Kategorie II zu finden. Darüber hinaus gibt es noch die so genannten Privathütten, die unabhängig vom Deutschen Alpenverein betrieben werden. Üblicherweise halten sich deren Hüttenwirte an die Gepflogenheiten des DAV.

Von Hütte zu Hütte

Anstatt sich für einige Tage auf einer einzigen Hütte aufzuhalten, geht der Trend hin zu Fernwanderungen, in deren Verlauf man von einer Hütte zur nächsten wandert und dort wieder die Nacht verbringt. Der Vorteil liegt darin, dass man auf diese Weise ganze Gebirgszüge erkunden kann.
Der bekannteste Wanderweg, der von Hütte zu Hütte führt, ist der Fernwanderweg E 5, der von Oberstdorf beginnend die Alpen von Norden nach Süden durchquert und schließlich im italienischen Verona endet (weitere Infos unter www.fernwanderweg5.de). Da man für die gesamte Strecke einige Wochen unterwegs ist, kann man sich den E 5 auch in Abschnitte einteilen und jedes Jahr dort weitermachen, wo man im Jahr zuvor aufgehört hat.
Kürzlich hinzugekommen ist die 2002 eröffnete »Via Alpina«, die auf fünf verschiedenen Routen von Westen nach Osten alle acht Alpenstaaten verbindet (weitere Infos unter www.via-alpina.com). Auf dem »violetten«

Weg der Via Alpina-Markierung liegen folgende, in diesem Buch beschriebene Hütten:

- Straubinger Haus (Seite 32)
- Priener Hütte (Seite 40)
- Rotwandhaus (Seite 62)
- Tutzinger Hütte (Seite 108)
- Herzogstandhäuser(Seite 110)
- Weilheimer Hütte (Seite 114)
- Brunnenkopfhäuser (Seite 124)
- Kenzenhütte (Seite 126)
- Bad Kissinger Hütte (Seite 134)

Auch auf der »Via Alpina« finden sich zahlreiche hochinteressante Teilabschnitte, sodass man über Jahre hinweg immer wieder neue Gebirgsregionen erkunden kann.
Zusätzlich zur Ausrüstung für eine normale Bergtour (siehe Bruckmann Basic »Bergwandern«) gehören für die Übernachtung auf der Hütte noch ein Hüttenschlafsack, Waschzeug, Handtuch und bequeme Hüttenschuhe in den Rucksack. Wer mehrere Tage auf einer Hüttentour unterwegs ist, muss mit allen Wettervarianten rechnen und vom Sonnenschutz bis zur Regenkleidung ausgestattet sein.

Mit Kindern auf der Hütte

Die Nacht im Matratzenlager zählt für Kinder zu den Höhepunkten eines Familienurlaubs. Eng angekuschelt an Eltern und Geschwister fühlt sich jedes Kind geborgen und träumt im Schlaf von den Erlebnissen des Tages. Davon gibt es in den Bergen genug, sei es das Spielen an einem eisigen Bergbach, die Schneeballschlacht im sommerlichen Altschnee, das Beobachten von Murmeltieren und Gämsen, das Sammeln von Steinen und Wurzeln, das Toben auf der Almwiese oder das Herumklettern auf kleinen Felsen. Auch die Hüttenabende bleiben in unvergesslicher Erinnerung, etwa das Musizieren oder das Kartenspielen im Kreis der Familie.
Derart motiviert stellen selbst die Anstiege kein großes Problem für die Kinder dar, sofern die Schuhe richtig passen, die Kleidung bequem und der Rucksack nicht zu schwer ist. Ideal sind abwechslungsreiche Anstiege, beispielsweise durch eine Klamm oder durch flaches, etwas unwegsames Gelände. Kinder mögen es auch, wenn sie unterwegs nach Walderdbeeren suchen oder an Blaubeeren naschen können. Für längere und eintönige Waldwege können die Eltern hingegen zur Abwechslung ein kleines Spiel anregen, beispielsweise dass die Kinder vorauslaufen und sich hinter den Bäumen verstecken.
Entscheidend für den guten Verlauf einer Hüttentour mit Kindern ist die richtige Vorbereitung. Besonders mit jüngeren sollten die ersten Touren zwei bis drei Stunden Gehzeit nicht überschreiten. Bei einiger Erfahrung kann man das Pensum dann langsam steigern. Wichtig für Kinder sind möglichst viele Pausen, bei denen sie neben der Erholung auch genügend Zeit haben, ungefährdet die Gegend zu erkunden. Bei aufkommender Langeweile sind auch hier Spielideen der Erwachsenen gefragt.

Auf Hüttenwanderungen begegnet man häufig Kühen.

Gut für die Motivation der Kinder ist die positive Einstimmung auf die Tour, etwa dadurch, dass man schon Tage vorher eine Geschichte über das Zielgebiet erzählt oder sie auf die bevorstehenden Erlebnisse einstimmt.

Besonders vor der ersten Tour im Jahr ist es ratsam, bei einem kleinen Nachmittagsspaziergang auszutesten, ob bei allen Beteiligten die Wanderschuhe richtig passen, ob die Kleidung bequem ist und der Rucksack nicht drückt. Für Kinder ist es wichtig, dass sie ihren eigenen Rucksack haben, der allerdings nicht schwer sein darf, und das Kuscheltier sollte trotzdem Platz drin haben. Ausreichend Getränke und Essen, Spiele, Sonnenschutz, Regenjacke und Kleidung zum Wechseln werden daher im Rucksack der Eltern verstaut.

Kinder sind für eine Hüttenwanderung immer zu begeistern, wenn sie wie hier vor der Höllentalangerhütte einen Platz zum Spielen vorfinden.

Für das Nachtlager sollte jedes Kind einen eigenen Hüttenschlafsack besitzen, für die Zeit auf der Hütte ist ein bequemer Trainingsanzug ideal. Nachts leistet eine funktionierende Taschenlampe oft wertvolle Hilfe.

Kinderfreundliche Hütten

Nach der Einstufung des Deutschen Alpenvereins gelten folgende Hütten in diesem Buch als besonders kinderfreundlich:

- Straubinger Haus (Seite 32): Spielplatz
- Priener Hütte (Seite 40): Kletterblöcke, kleiner See
- Riesenhütte (Seite 44): Holz sammeln und Feuer machen
- Rotwandhaus (Seite 62): Kinderspielplatz, Gumpen, See und kleinere Felsen
- Gufferthütte (Seite 78): Moorlandschaft, Pferdealm
- Erfurter Hütte (Seite 82): Übungsfelsen, kleinere Höhlen
- Falkenhütte (Seite 90): Bäche für Staudämme, viele Gämsen

Allen Hütten gemeinsam ist die Lage in flachem Gelände, sodass die Kinder auch mal alleine ungefährdet die Gegend erkunden können. Der Anstieg beträgt in der Regel nicht mehr als zwei bis drei Stunden und führt über leicht begehbare Wege. Mancher Hüttenwirt hat sogar eine kleine

Kiste mit Malsachen oder Kinderspielzeug hergerichtet. Andererseits gibt es in der Natur so viel zu entdecken, dass die Spielsachen meist gar nicht mehr benötigt werden.
Ein Thema für Familien mit Kleinkindern ist die Entsorgung der Windeln. Dafür kann man sich mit dem Hüttenpersonal absprechen. Zumeist gilt aber auch da die Regel, dass der eigene Müll wieder mit ins Tal zu nehmen ist.
Wer vorhat, mit Kindern auch schwierigere Passagen zu gehen, der sollte zunächst selbst trittsicher und bergerfahren sein. Danach kann man an einfacheren Wegstücken ausprobieren, ob die Kinder in der Lage sind, konzentriert auf dem Weg zu bleiben. Sehr zu empfehlen sind speziell für Kinder passende Brust- und Beckengurte, mit denen man sie an einem kurzen Seil durchgehend sichern kann.

Umweltschutz

Je mehr Menschen in den Bergen unterwegs sind, umso mehr sollte man sich wegen der Umweltbelastungen Gedanken machen. Wer im Sommer in bestimmten Wintersportgegenden unterwegs ist, bekommt die bereits vorhandenen Schäden in der Natur hautnah mit. Aber auch eine Hütte stellt eine Gefahr für die Umwelt dar, speziell wenn sie aufgrund ihrer Lage täglich bis zu mehrere hundert Besucher anzieht.
Der Deutsche Alpenverein führt Jahr für Jahr gemeinsam mit den Hüttenbetreibern und vielen freiwilligen Helfern unter großem Aufwand an Zeit und Geld Maßnahmen durch, um die Situation zu verbessern. Dazu zählt in erster Linie der Bau moderner Anlagen zur Abwasserreinigung sowie zur Mülltrennung und Abfallentsorgung. Oberstes Ziel ist der Einsatz von Mehrwegverpackungen und die Rückführung des Mülls zurück ins Tal.
Ein zentrales Problem stellt die Energieversorgung vieler Hütten dar, die bei voller Belegung enorme Mengen an Strom und Warmwasser verbrauchen. Im Rahmen von EU-geförderten Projekten sind mittlerweile etliche Hütten mit Fotovoltaik-Anlagen ausgestattet worden, um zumindest an schönen Tagen Strom aus Sonnenenergie gewinnen zu können. Meist erwärmt die Sonne dort auch das Brauchwasser. An einigen Hütten in besonders ausgesetzter Lage kommen auch Windgeneratoren zum Einsatz. Bei hohem Energiebedarf wird ein Blockheizkraftwerk installiert, das sowohl Strom als auch Wärme liefert und mit umweltfreundlichem Rapsöl oder mit Holz betrieben werden kann.
Den entscheidenden Beitrag zum Umweltschutz kann jeder Bergwanderer selbst liefern, wenn er folgende Regeln einhält:
- Keinen Müll unterwegs oder auf der Hütte hinterlassen
- Unterwegs keine Abschneider gehen
- Auf der Hütte sparsam mit Wasser und Strom umgehen
- Almweiden vorsichtig durchqueren und die Tiere dabei möglichst nicht stören
- Weidegatter immer schließen
- Unterwegs keine Pflanzen mitnehmen

Damit bleibt die wenigstens in einigen Bereichen intakte Bergwelt den nachfolgenden Generationen erhalten.

WICHTIGE ADRESSEN

DEUTSCHER ALPENVEREIN

Von-Kahr-Straße 2–4
80997 München
Mo–Do 9–17 Uhr, Fr 9–12 Uhr
Tel.: 089/140 03-0
Fax: 089/140 03-11
E-Mail: auskunft@alpenverein.de
Internet: www.alpenverein.de
Automatische Telefonansage des Wetterberichts: 089/29 50 70

ÖSTERREICHISCHER ALPENVEREIN

Wilhelm-Greil-Straße 15
A-6010 Innsbruck
Mo–Fr 9–13 Uhr und 14-17 Uhr, Do bis 18 Uhr
Tel.: 00 43/512/59 54 70
Fax: 00 43/512/57 55 28
E-Mail: office@alpenverein.at
Internet: www.alpenverein.at

Am Roßstein-Gipfel

Die Touren

1 CARL-VON-STAHL-HAUS

Zwischen Göllmassiv und Hagengebirge

mittel 1100 m 3–5 Std.

ANFAHRT

Mit der Bahn stündlich von München nach Freilassing (Richtung Salzburg), dort Anschluss nach Berchtesgaden; weiter mit dem RVO-Bus Nr. 9541 nach Königssee. Mit dem Auto auf der A 8 Ausfahrt Piding, auf der B 20 über Bad Reichenhall und Berchtesgaden zum Königssee (Parkplatz Jennerbahn) oder wahlweise von Berchtesgaden auf der Vorderbrandstraße nach Hinterbrand. Nach Golling muss man den Umweg über Salzburg in Kauf nehmen.

AUSGANGSPUNKTE

Talstation Jennerbahn in Königssee, Hinterbrand oder Golling

HÜTTENANSTIEG

Vom Parkplatz Königssee über die Königsbachalm (3 Std.) oder vom Parkplatz Hinterbrand über die Mitterkaseralm (1 3/4 Std.); alternativ mit der Jennerbahn bis zur Bergstation (1800 m) und von dort erst ab-, dann aufsteigend zur Hütte (3/4 Std.); vom Parkplatz im Bluntautal bei Golling über Untere und Obere Jochalm (3 Std.)

GIPFELZIELE

Hohes Brett (2340 m) über Jägerkreuz (1 1/2 Std.); Hoher Göll (2522 m) über Hohes Brett und Göllscharte (3 Std.); Schneibstein (2277 m, 1 1/2 Std.)

KARTE

Kompass Wanderkarte Nr. 14, Berchtesgadener Land – Chiemgauer Alpen, 1:50.000

INFORMATION

Berchtesgaden Tourismus,
Königsseer Straße 2, 83471 Berchtesgaden,
Tel.: 08652/9670, Fax: 08652/967402,
Internet: www.berchtesgadener-land.com

Bei schönem Wetter ist das Gedränge auf der Terrasse des Carl-von-Stahl-Hauses mitunter groß.

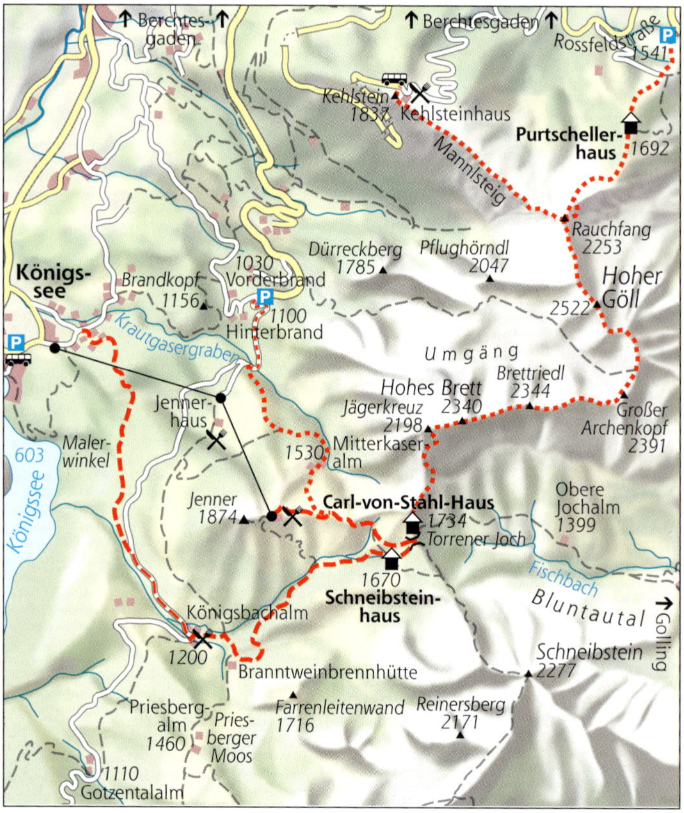

Der Hüttenwirt Helmut Pfitzner ist ein echtes Unikum. Seit 35 Jahren gehört der Salzburger zum Stahl-Haus wie die Mozartkugeln zu seiner Heimatstadt. In dieser Zeit leitete der gelernte Kunst- und Portalschlosser unter anderem den Ausbau der Materialseilbahn in die Wege, ließ eine Abwasserpumpanlage errichten und die Küche komplett erneuern.

Ehrung für langjährige Verdienste Wer so lange auf ein und derselben Hütte verweilt, muss mit sich und seiner Umwelt im Reinen sein. Und tatsächlich strahlt Helmut eine Zufriedenheit aus, die sich auch auf den Hüttengast überträgt. Selbst wenn alle gleichzeitig in die Hütte drängen und mehr oder weniger ungeduldig ihre Bestellungen aufgeben, bleibt er die Ruhe in Person. Doch es ist vor allem die Gastfreundlichkeit, die ihn und seine Frau Irmgard bis weit über die Grenzen hinaus bekannt gemacht hat. Auch die geselligen Musikerabende bleiben jedem Hüttengast in angenehmer Erinnerung. Helmut ist und bleibt eine Institution, eine lebende Legende. Grund genug für die Salzburger Wirtschaftskammer, ihm im November 2003 für seine langjährigen Verdienste die Anerkennungsurkunde der Sparte »Tourismus und Freizeitwirtschaft« zu überreichen.

Lage der Hütte Das Stahl-Haus liegt zwischen Göllmassiv und Hagengebirge exakt auf der deutsch-österreichischen Grenze. Groß ist der Höhenunterschied zwischen den Gipfeln und dem Königssee. Doch wer mit der Jennerbahn bis zur Bergstation hochfährt, spart sich gut 1000 Höhenmeter Anstieg und kann sogar die Göll-Überschreitung in einem Tag schaffen. Nach kurzem Abstieg vom Jenner ist die Hütte rasch erreicht, dementsprechend viel Trubel herrscht hier an sonnigen Tagen selbst unter der Woche. Gipfelambitionierte, die auf die bequeme Aufstiegshilfe per Bahn verzichten und einen der längeren Anstiege in Kauf nehmen, übernachten in der Regel auf der Stahlhütte und gehen am Folgetag auf Tour.

Der Touren-Klassiker Die Überschreitung dauert vom Stahl-Haus sechs bis acht Stunden und ist einer der Klassiker im Berchtesgadener Raum. Eine grandiose Tour, bei der mit Hohem Brett (2340 m), Brettriedel (2344 m), Großem Archenkopf (2391 m), Hohem Göll (2522 m) und Rauchfang (2253 m) gleich fünf Gipfel bestiegen werden. Vom Rauchfang bieten sich zwei Abstiegsvarianten an: entweder weiter auf dem Weg 451 über das Purtschellerhaus zur Ringstraße oder auf dem Mannl-Klettersteig zum Kehlsteinhaus. Letzterer wird allerdings in umgekehrter Richtung empfohlen.
Auf dem teils exponierten Steig muss man vor etwaigen Gefahren auf der Hut sein: Altschneefelder in den steilen Nordflanken erschweren das Fortkommen und mit einem Wettersturz ist in dieser Höhe noch dazu in Gratnähe auch nicht zu spaßen. Deshalb sollte die Tour nur bei guter Wetter- und Sichtlage begangen werden, abgesehen davon, dass Nebel den Blick auf die imponierende Bergkulisse mit Steinernem Meer und Watzmann versperrt.

Unterwegs auf der Kleinen Reibn Weniger exponiert und gefahrvoll ist die so genannte Kleine Reibn, die vom Stahl-Haus über Schneibstein (2277 m), Windscharte, Seeleinsee, Priesbergalm und Königsbachalm in vier bis fünf Stunden zum Königssee führt. Auf dieser Tour bleibt ausreichend Zeit, um die Landschaft in Ruhe auf sich wirken zu lassen.

HÜTTENPORTRÄT

HÖHE
1734 m

ERBAUT
1921–23 (OeAV-Sektion Salzburg)

BEWIRTSCHAFTET
Ganzjährig außer Heiligabend

KULINARISCHER TIPP
Österreichische Hausmannskost

HÜTTENWIRT
Helmut Pfitzner

TELEFON
08652/2752

BETTEN
24

LAGER
70

MATERIALBESCHAFFUNG
Materialseilbahn von Golling

BESONDERHEIT
Lage genau auf der Grenze zwischen Salzburg und Bayern

Der Hüttenwirt Helmut Pfitzner hat sich für dieses Foto extra in ein zünftiges Gewand geworfen.

2 GOTZENALM

Zwischen Hochplateau und Felsabsturz

mittel 1080 m 5–6 Std.

ANFAHRT

Mit der Bahn stündlich von München nach Freilassing (Richtung Salzburg), dort Anschluss nach Berchtesgaden; weiter mit dem RVO-Bus Nr. 9541 nach Königssee. Mit dem Auto auf der A 8 Ausfahrt Piding, auf der B 20 über Bad Reichenhall und Berchtesgaden zum Königssee (Parkplatz Jennerbahn) oder wahlweise von Berchtesgaden auf der Vorderbrandstraße nach Hinterbrand.

AUSGANGSPUNKT

Talstation der Jennerbahn in Königssee oder Wanderparkplatz in Hinterbrand

HÜTTENANSTIEG

Von der Jennerbahn-Talstation auf dem Weg 493 (3 1/2 Std.); von der Mittelstation über Priesbergalm und Hirschenlauf (3 1/4 Std.); von Kessel am Königssee über Reitsteig und Gotzentalalm (3 Std.); von der Saletalm (Südende Königssee) auf Weg 492 (3 Std.)

GIPFELZIELE

Kahlersberg (2350 m, 2 1/2 Std.), Großes Teufelshorn (2336 m) über Wasseralm (5 1/2 Std.), Schneibstein (2277 m) über Windscharte (3 Std.)

KARTE

Kompass Wanderkarte Nr. 14, Berchtesgadener Land – Chiemgauer Alpen, 1:50.000

INFORMATION

Berchtesgaden Tourismus,
Königsseer Straße 2, 83471 Berchtesgaden,
Tel.: 08652/9670, Fax: 08652/967402,
Internet: www.berchtesgadener-land.com

Noch quert dieser Biker die sanften Almwege, bevor es an die steile Abfahrt geht.

Die private Gotzenalm liegt abseits des großen Rummels hoch über dem Königssee. Nachdem die Tageswanderer wegen des langen Abstiegs am späten Nachmittag das Weite gesucht haben, kehrt eine wohltuende Ruhe über dem weitläufigen Almplateau ein. Dann genießen die verbliebenen Hüttengäste gemeinsam mit den Kühen ausgiebig das warme Abendlicht. Vor allem im Sommer dauert es lange, bis die Sonne hinter dem Watzmannkamm verschwindet. Wenn dann auch noch Trompeten- oder Alphornklänge aus der Ferne ertönen, ist das romantische Alpenglück perfekt.

Stützpunkt für Streckentouren Die Hochfläche rund um die Gotzenalm stellt eine gewaltige Tafellandschaft dar, die nach Süden und Westen mit Steilwänden jäh abbricht. Die umliegenden Wälder bieten ideale Schlupfwinkel für das Gamswild, das sich am ehesten in der Dämmerung blicken lässt. Besonders viele Übernachtungsgäste zählt die Gotzenalm in der Regel dennoch nicht, wohl weil es in der näheren Umgebung an klassischen Berggipfeln mangelt. Dabei ist die Hütte gerade für Streckenwanderer vom Hagengebirge zum Steinernen Meer oder umgekehrt ein wichtiger Stützpunkt. Selbst der stolze Hochkönig, der die Gotzenalm aus der Ferne grüßt, ist in einem langen Tagesmarsch erreichbar.

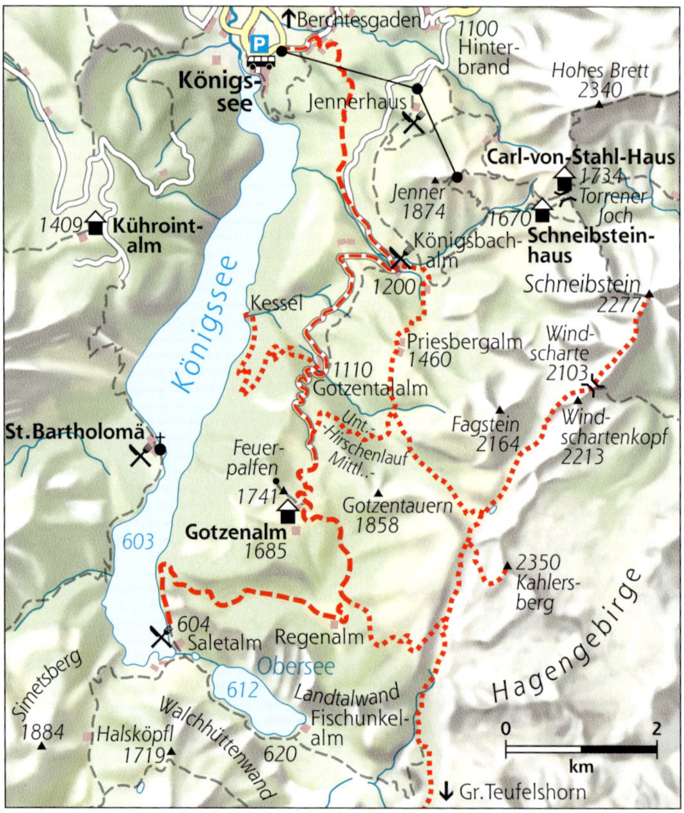

Viele Aufstiegsmöglichkeiten Die Gotzenalm als Tagestour lohnt sich am ehesten in Kombination mit einer Rundtour durch das Hagengebirge oder mit einer Schifffahrt auf dem Königssee. Das Schiff legt an den Stationen Kessel und Saletalm an, von denen jeweils steile Wege zur Gotzenalm führen. Noch reizvoller als der in langen Kehren angelegte Anstieg von Kessel über die Gotzentalalm ist der Anmarsch von der Saletalm auf dem in den 1930er-Jahren angelegten Reitweg. Auf diese Weise nähert man sich der Gotzenalm von Süden an und kann dann im Abstieg den Weg 493 auf dem Fahrweg und zuletzt auf schönem Steig bequem zur Talstation der Jennerbahn wandern.

Eine alpine Variante Alternativ zum Fahrweg kann man den Unteren Hirschenlauf nehmen. Hierfür zweigt man nach der ersten Steilstufe an der verfallenen Seeaualm nach rechts ab und quert über dem so genannten Abwärtsgraben erst ab-, dann aufsteigend zur Priesbergalm. Viele lassen sich durch das Schild »Nur für Geübte« abhalten, doch ist der Weg so gut angelegt, dass man nicht einmal seine Hände zu Hilfe nehmen muss. Nur wer schwindelanfällig ist, sollte diese Route angesichts der Tiefblicke in die Schlucht meiden. Über die bewirtschaftete Königsbachalm gelangt man schließlich wahlweise zur Jennerbahn-Mittelstation oder auf den Fahrweg zurück.

Bergauf mit der Bahn Wer die Jennerbahn als Aufstiegshilfe nutzt, kann sich auch den einen oder anderen Gipfel des Hagengebirges vornehmen und dann über die Gotzenalm absteigen. Zur Wahl stehen Schneibstein (2277 m), Windschartenkopf (2213 m) und Kahlersberg (2350 m), die allesamt eine grandiose Aussicht bieten. Das Gebirge ist nicht sehr erschlossen, viele Gipfel sind weglos geblieben. Manchmal könnte man sich geradezu in das 14. Jahrhundert zurückversetzt fühlen, als die ersten Hirten die üppigen Weiden rund um die Gotzenalm besetzten und Jäger des Erzbistums Salzburg auf die Pirsch gingen.

Herausforderung für Biker Viele Wanderer fahren auch mit der Jennerbahn zur Mittelstation oder stellen in Hinterbrand ihr Auto ab, um sich rund 600 Höhenmeter Anstieg zu sparen. Der Hüttenfahrweg, der sich al-

Beim Abstecher zum Feuerpalven präsentiert sich die weite Almlandschaft von ihrer schönsten Seite. Im Hintergrund der schneebedeckte Hochkönig.

HÜTTENPORTRÄT

HÖHE
1685 m

ERBAUT
Unbekannt (OeAV-Sektion Salzburg, in der Stube »1862« eingeritzt)

BEWIRTSCHAFTET
Von Pfingsten bis Mitte Oktober

KULINARISCHER TIPP
Spezielle Knödelgerichte wie Kaspressknödel oder Speckkaspressknödel, wobei der Bergkäse in den Semmelknödel gepresst und anschließend gebraten wird.

HÜTTENWIRT
Rudi Klecker

TELEFON
08652/690900

BETTEN
4

LAGER
79

MATERIALBESCHAFFUNG
Auf der Fahrstraße

BESONDERHEIT
Tiefblick vom nahen Aussichtspunkt auf den Königssee, weiter Panoramablick mit Hochkönig

lein von Hinterbrand 12 Kilometer in die Länge zieht, ist jedoch allenfalls in einer Richtung zu empfehlen. Vielmehr ist er eine Herausforderung für couragierte Biker, die sich auch von einer 25-prozentigen Steigung nicht entmutigen lassen. Tatsächlich werden auf den letzten 4 Kilometern von der Gotzentalalm bis zur Gotzenalm 600 Höhenmeter erklommen, in den Steilpassagen hat man schon viele Flüche vernommen. Eine echte Herausforderung also für konditionsstarke Biker. Wer die Tour am Bahnhof von Berchtesgaden beginnt, ist insgesamt 35 Kilometer unterwegs und überwindet rund 1700 Höhenmeter.

Mit dem Rad zu Fuß Beim Abstieg von der Gotzenalm trauten wir unseren Augen nicht: Wir hatten gerade die sanften Almwiesen verlassen und waren in die schattige Steilflanke marschiert, als wir eine Bikerin mit Satteltaschen beim Abwärtsschieben überholten. In umgekehrter Richtung wäre uns eine derartige Kapitulation ja noch eingegangen, aber schindet man sich den Berg hinauf, um das Rad dann über viele Kilometer abwärts zu schieben, und das über wirklich guten Belag? Erst in der genussvollen Flachpassage zur Königsbachalm hatten sich ihre »Knieschwammerl« wieder gelegt.

Abstecher zum Feuerpalfen Ob Biker oder Wanderer, Pflicht ist für jeden der Abstecher zum Feuerpalfen. Der Aussichtspunkt ist zu Fuß von der Gotzenalm in gut zehn Minuten zu erreichen und bietet einen gigantischen Tiefblick zum über 1100 Meter tiefer gelegenen Königssee und zur Kirche St. Bartholomä. Nicht zu verachten ist auch der Blick in die 1800 Meter hohe gewaltige Watzmann-Ostwand, um die sich viele Legenden ranken. Noch imposantere Fleckchen hat Bayern kaum zu bieten.

FAHRPLAN KÖNIGSSEE-SCHIFFFAHRT

Besonders reizvoll ist die Wanderung zur Gotzenalm in Kombination mit einer Bootsfahrt auf dem Königssee. Das erste Boot zum so genannten Kessel und zur Saletalm, wo man jeweils den Anstieg zur Gotzenalm beginnen kann, legt im Sommer je nach Saison um 8.00 bzw. 8.30 Uhr ab. Die Einzelfahrt kostet bis zum Kessel 4,80 Euro und bis zur Saletalm 7,50 Euro. Info: Schifffahrt Königssee, 83471 Schönau, Tel.: 08652/96 36 18, Fax: 647 21, koenigssee@bayerische-seenschifffahrt.de, www.bayerische-seenschifffahrt.de

Linke Seite: Vom Aussichtspunkt Feuerpalven genießt man einen fulminanten Tiefblick zum Königssee mit der Kirche St. Bartholomä. Dahinter die furchteinflößende Watzmann-Ostwand.

Die Sonne verschwindet langsam hinter dem Bergkamm des Watzmann.

3 BLAUEISHÜTTE

Kletterparadies am Hochkalter

mittel 900 m 4 Std.

ANFAHRT

Mit der Bahn stündlich von München nach Freilassing (Richtung Salzburg), dort Anschluss nach Berchtesgaden; weiter mit dem RVO-Bus über Ramsau zur Haltestelle am Zauberwald. Mit dem Auto auf der A 8 Ausfahrt Piding, auf der B 21 über Bad Reichenhall nach Unterjettenberg, hier links auf die B 305 nach Ramsau und im Ort Richtung Hintersee. Auf der Straße zum Hintersee gibt es zwei Wanderparkplätze; der obere ist gebührenpflichtig.

AUSGANGSPUNKT

Das Ostufer des Hintersees

HÜTTENANSTIEG

Von Hintersee auf AV-Weg Nr. 482 über die Schärtenalm (2 1/2 Std.); der Anstieg von Ramsau ist etwas länger und trifft unterhalb der Schärtenalm auf den Normalanstieg.

GIPFELZIELE

Hochkalter (2607 m, 3 Std.), Schärtenspitze (2153 m, 1 1/4 Std.), Steinberg (2065 m, 1 Std.)

KARTE

Kompass Wanderkarte Nr. 14, Berchtesgadener Land – Chiemgauer Alpen, 1:50.000

INFORMATION

Haus des Gastes (Kurverwaltung), Im Tal 2, 83486 Ramsau, Tel.: 08657/988920, E-Mail: info@ramsau.de, Internet: www.ramsau.de

Wer vom Nordwestufer des Hintersees einen Blick zum Hochkalter wirft, kann die zwischen Waldgrenze und Felskar auf einem Geländeabsatz gelegene Blaueishütte bereits erspähen. Dabei muss der Betrachter das Kinn schon deutlich anheben, um wirklich fündig zu werden. Denn der Höhenunterschied zwischen See und Gipfel beträgt auf einer Distanz von rund 6 Kilometer Luftlinie immerhin gut 1800 Meter.

Bequemer Aufstieg im Steilgelände Der Hüttenzugang wurde so angelegt, dass ihn auch der normal konditionierte Wanderer problemlos bewältigen kann. Erstes Ziel ist die Schärtenalm, die man nach einem Anstieg in weiten Kehren quer durch den Wald erreicht. Die Alm ist im Sommer bewirtschaftet und bietet sogar Nachtlager. Hinter der Alm quert der Fahrweg zunächst fast eben westwärts, bevor er an einer Felsecke in das Blaueistal hineinführt. Von der Holzbrücke an der Steilwand ergeben sich beeindruckende Tiefblicke in die Schlucht. Dann wird mit Ende des Fahrweges die Materialseilbahn und von dort auf schönem Steig die Blaueishütte angepeilt.

Anspruchsvolle Gipfelwelt Über der Blaueishütte wirken die Felsabstürze von Hocheis- und Hochkaltergruppe fast wie eine dunkle Drohkulisse. Die umliegenden Gipfel flößen von der Hüttenterrasse noch mehr Respekt ein als vom entfernten Seeufer. Kein Wunder, dass hier für das Gros der Wanderer Endstation ist. Während die Besteigung der Schärtenspitze noch ohne größere Schwindelgefühle machbar ist, bleibt das Erklimmen von Hocheisspitze und Hochkalter allein dem geübten Bergsteiger vorbehalten. Anders als am benachbarten Watzmann ist nämlich selbst die Normalroute über den »Schönen Fleck« nicht durch Drahtseile abgesichert, obwohl das Gelände kaum weniger abschüssig ist.

Kletterkurse vom DAV Insgesamt scheint die Hütte also für Kletterer fast geeigneter als für Wanderer. Kein Wunder also, dass der Alpenverein wegen der zahlreichen Routen in sämtlichen Schwierigkeitsgraden hier etliche Kletterkurse anbietet. In der Hütte gibt es ein übersichtliches Kletterbuch mit Skizzen und den Beschreibungen der Erstbegeher. Doch irgendwie scheint die imposante Felskulisse auch den gewöhnlichen Wanderer magisch anzuziehen. Wir wunderten uns jedenfalls über den Besucheransturm an einem Werktag Anfang Oktober, obwohl sich die Sonne zu dieser Jahreszeit an der Hütte im Schatten der Steilwände bereits rar macht. Doch der Hüttenwirt weiß über die Sonnenpassagen bestens Bescheid und gibt gerne Auskunft.

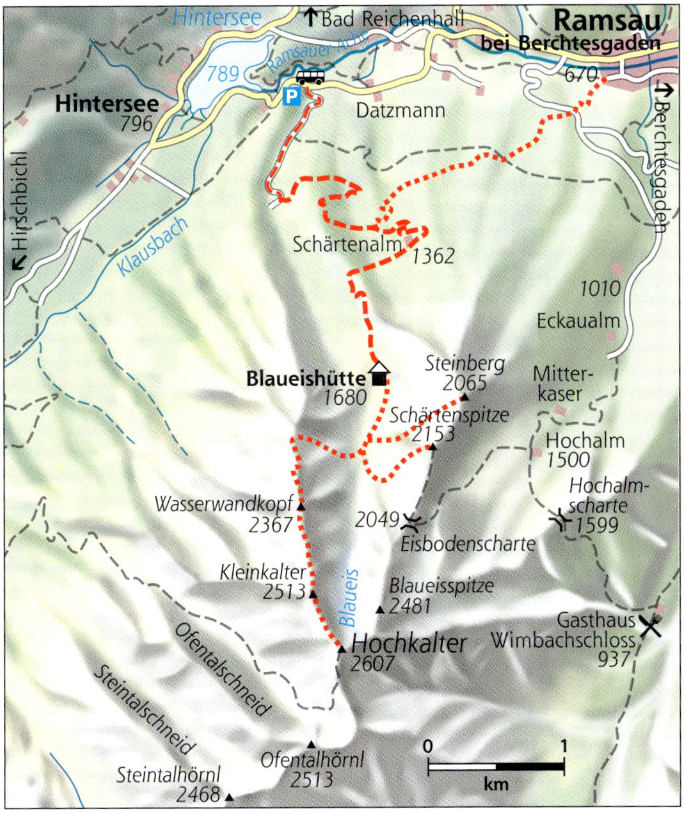

Die Hütte steht noch keine 50 Jahre Die ursprünglich 1922 erbaute Blaueishütte wurde im Dezember 1955 durch den Luftdruck einer Staublawine zerstört. Drei Jahre darauf nahm man den Hüttenbau neu in Angriff. Das heutige Haus wurde an der Stelle der 1946 durch Brandstiftung zerstörten Wehrmachtshütte gebaut. Der Hüttenpächter Raphael Hang ist quasi als Kind in diese Hütte hineingeboren, jedenfalls hat er ihr bis heute die Treue gehalten.
Bleibt nur zu hoffen, dass sich die gewaltigen Felsstürze von 1908 und 1954 nicht wiederholen, als einige hunderttausend Kubikmeter Felsmasse vom Gipfelaufbau des Hochkalter in die Tiefe stürzten. Die moosbewachsenen Überbleibsel des Felssturzes haben übrigens dem Zauberwald am Hintersee seinen Namen gegeben.

Abstecher zum Blaueis Direkt unter dem Hochkalter liegt das Blaueis, der nördlichste Gletscher der Alpen. Doch wie lange noch? Da das Eis im Zuge der Klimaerwärmung dramatisch abtaut, ist von dem früheren Ausmaß – ein Kilometer Länge und 250 Meter Breite im Jahr 1977 – heute nicht mehr allzu viel übrig geblieben. Immerhin schuf der Gletscherrückgang einen zweiten, unschwierigen Einstieg in die Blaueishöhle; früher musste man sich vom stattlichen Eingang in den sechs Meter tiefer liegenden Eisboden abseilen, um die Höhle mit dem so genannten Karl-Rieser-Dom sowie ihren Schächten, Klemmblöcken und Eisschloten inspizieren zu können. Ohne entsprechende Erfahrung sollte man sich dennoch nicht in die Eishöhle wagen. Doch auch von außen wirkt das im oberen Teil rund 55 Grad steile Eis imposant.

HÜTTENPORTRÄT

HÖHE
1680 m

ERBAUT
1958–62 (DAV-Sektion Berchtesgaden)

BEWIRTSCHAFTET
15. Mai bis dritter Sonntag im Oktober

KULINARISCHER TIPP
Hausgemachter Kuchen

HÜTTENWIRT
Raphael Hang

TELEFON
08657/271 (Tal: 08657/546)

BETTEN
18

LAGER
64

MATERIALBESCHAFFUNG
Auf der Fahrstraße; letzte Stufe mit Materialseilbahn

Linke Seite: Blick von der Blaueishütte zum Hintersee und dem knapp 2000 Meter hohen Edelweißlahnerkopf

4 REICHENHALLER HAUS

Aussichtskanzel am Hochstaufen

mittel/schwer 1100 m 5–5:30 Std.

ANFAHRT

Mit der Bahn von München über Freilassing nach Bad Reichenhall; vom Bahnhof aber eine Stunde Fußmarsch über Bahnhofstraße, Wittelsbacherstraße und Kurfürstenstraße zur Unterführung an der Umgehungsstraße und auf bezeichnetem Wanderweg (K4, N3) zur Padinger Alm (evtl. Stadtplan besorgen). Mit dem Auto auf der A8 Ausfahrt Piding und auf der B20 nach Bad Reichenhall; hier von der Umgehungsstraße rechts ab Richtung Karlstein, nach der Brücke wieder rechts nach Nonn und an der Straßengabelung rechts steil hinauf zum Wanderparkplatz an der Padinger Alm.

AUSGANGSPUNKT

Bad Reichenhall, Ortsteil Nonn (Padinger Alm), oder Piding

HÜTTENANSTIEG

Von der Padinger Alm gibt es zwei Anstiege (je 3 Std.) zum Reichenhaller Haus: über die »Steinernen Jäger« (Klettersteig, keine Sicherungen) oder die Bartlmahd (Normalweg). Der Klettersteig erfordert alpine Erfahrung, Trittsicherheit und Schwindelfreiheit. Von Piding sind die Wege länger: entweder ebenso über die »Steinernen Jäger« (3 1/2 Std.) oder über die Steineralm von Norden (4 Std., nur für Geübte); neu ist der luftige Klettersteig im Gipfelbereich.

GIPFELZIELE

Hochstaufen (1771 m, 10 Min.), Mittelstaufen (1618 m, 1 Std.), Zwiesel (1782 m, 3 1/2 Std.)

KARTE

Kompass Wanderkarte Nr. 14, Berchtesgadener Land – Chiemgauer Alpen, 1:50.000

INFORMATION

Verkehrsverein Bad Reichenhall, 83435 Bad Reichenhall, Tel.: 08651/606355, E-Mail: info@bad-reichenhall.de, Internet: www.bad-reichenhall.de

Diese Wanderer steigen vom Hochstaufen den einfacheren Weg über die so genannte Bartlmahd nach Bad Reichenhall ab.

Wenn der Hubschrauber mal wieder über dem Hochstaufen kreist, nicht gleich erschrecken: In den meisten Fällen wird dann kein Bergwanderer geborgen, sondern das Reichenhaller Haus mit Lebensmitteln und Getränken versorgt. Die fast abwegig am Gipfelfels errichtete Hütte verfügt nämlich über keine Materialseilbahn, sodass die Versorgung ein aufwändiges und kostspieliges Unterfangen ist.

Schleppen wie die Sherpas Da der Helikopter alle sechs bis acht Wochen nur das Nötigste liefern kann, müssen die Hüttenwirte Martina und Heinz Frommelt zweimal pro Woche ins Tal absteigen und das besorgte Essen hochtragen. Heinz buckelt im Schnitt 30 bis 35 Kilogramm Gewicht. Er hat jedoch kein Sherpablut in den Adern und kann dieses Pensum auf Dauer auch nicht allein bewältigen. So holt er sich mitunter Verstärkung bei der DAV-Sektion Bad Reichenhall oder gar bei der Bundeswehr. Für Bier, ein paar Schnapserl und diverse Übernachtungen lassen sich die kräftigen Männer schon mal ködern. Weil in der Gipfelregion keine Bäume wachsen, sind auch die Holzscheitel kostbar. Wanderer sollten also lieber einen zusätzlichen Pullover mit nach oben tragen, statt sich über zu kühle Temperaturen in der gemütlichen Stube zu beschweren.

Einzigartige Rundumsicht Zum Ausgleich verwöhnt die Hütte dank ihrer privilegierten Lage direkt unter dem Gipfel des Hochstaufen mit einer grandiosen Aussicht auf Großglockner, Großvenediger, Wiesbachhorn, Berchtesgadener Alpen, Olperer und in die weite Ebene bis zu den Ausläufern des Bayerischen Waldes. Bei Dunkelheit sind die Lichtermeere von Bad Reichenhall und Salzburg schön anzuschauen. Da der Hochstaufen ein vollkommen isoliertes Bergmassiv ist, wird der Blick in keine Richtung durch Nachbarberge versperrt. Von der Hütte bis zum kreuzgeschmückten Gipfel sind es nur ein paar Gehminuten, sodass sich der märchenhafte Sonnenauf- und -untergang von dort unbeschwert genießen lässt.

Die klassische Gipfelrundtour Auch der Verfasser dieser Zeilen hätte sich für dieses Spektakel gerne für eine Nacht in der Hütte einquartiert. Doch angesichts aufziehender Regenwolken und schlechter Wettervorhersage für den nächsten Tag machte er sich kurz vor der Dämmerung prompt an den Abstieg über die abschüssigen »Steinernen Jäger«. Diese Felsroute ist zwar gut markiert, führt aber durch zahlreiche Bänder und Rinnen ungesichert in Richtung Wald. Hüttenwirt Heinz gibt diesen Abstieg nur für erfahrene Bergmenschen frei. Regen und Dämmerung setzten erst nach Passieren einer tollkühnen, in den Wald hinabführenden Leiter ein. Nun galt es, vor der hereinbrechenden Dunkelheit den Forstweg zu erreichen, auf dem die Padinger Alm angepeilt werden konnte.
Normalerweise wählt man diese Route besser für den Aufstieg, doch der Autor hatte sich zuvor von den Wegweisern am Fuß des Berges irritieren lassen: Hier wird – wohl um unerfahrene Wanderer abzuhalten – ausdrücklich vor dieser Route gewarnt, zudem wird sie ohne triftigen Grund, da praktisch gleich lang, mit einer Stunde Gehzeit länger angegeben. Wer sich allerdings fit fühlt für die unschwierige, aber Schwindelfreiheit und Trittsicherheit erfordernde Route, der wird das Reichenhaller Haus mit dem Hochstaufen als grandiose Rundtour erleben. Denn auch der Abstieg über die Westausläufer des stolzen Berges birgt landschaftliche Reize.

Neuer Klettersteig Ein besonderes Schmankerl ist der 2003 eröffnete Klettersteig durch die Hochstaufen-Nordwand, der einige schwierige Stellen aufweist und auch für geübte Klettersteigbegeher eine echte Herausforderung ist. So gesehen ist der Abstieg über die »Steinernen Jäger« ein echtes Kinderspiel. Ärgerlich nur, dass die Wetterkamera am nächsten Morgen einen sonnenüberfluteten Hochstaufen zeigte und sich die Übernachtung doch gelohnt hätte ...

HÜTTENPORTRÄT

HÖHE
1771 m

ERBAUT
Neubau 1928 (1908 lag die erste Hütte um 15 Meter höher; DAV-Sektion Bad Reichenhall)

BEWIRTSCHAFTET
1. Mai – 15. Oktober

KULINARISCHER TIPP
Hausgemachte Suppen und Kuchen

HÜTTENWIRTE
Heinz und Martina Frommelt

TELEFON
08651/5566

BETTEN
4

LAGER
24

MATERIALBESCHAFFUNG
Hubschrauber alle 6 bis 8 Wochen, ansonsten muss das Essen ca. zweimal pro Woche hochgetragen werden.

EINKEHR NACH DER TOUR

Am Fuß des Hochstaufen liegt in der Nähe des Wanderparkplatzes die Padinger Alm (667 m), eine gemütliche Einkehr mit freundlichem Service und guter, bodenständiger Küche. Besonders schön sitzt man dort an lauen Sommerabenden im Freien. Kein Verkehrslärm stört die Ruhe und romantisch ist der Blick auf die Lichterwelt von Bad Reichenhall. Die Padinger Alm wird von der Familie Wallner geleitet, Tel.: 08651/4439.

5 STRAUBINGER HAUS
Die Zukunftsvision einer Hütte

mittel 900 m 4:30 Std.

ANFAHRT
Mit der Bahn stündlich von München nach Prien, von dort weiter mit dem RVO-Bus Nr.9505 nach Reit im Winkl. Mit dem Auto nimmt man die A8 München–Salzburg, Ausfahrt Bernau, und fährt dann auf der B305 bis Reit im Winkl. Parkplätze gibt es bei der Tourist-Information und im Ortsteil Blindau.

AUSGANGSPUNKTE
Reit im Winkl, Seegatterl, Hagerbrücke oder Erpfendorf

HÜTTENANSTIEG
Von Blindau über die Hindenburghütte (2 1/2 Std.); von Reit im Winkl mit dem Kleinbus zur Hindenburghütte und zu Fuß weiter zum Straubinger Haus (1 1/4 Std.); vom Seegatterl über Obere Hemmersuppenalm (2 3/4 Std.); von der Hagerbrücke (2 3/4 Std.) und von Erpfendorf über den Gerokogl (1466 m, 3 1/2 Std.)

GIPFELZIELE
Fellhorn (1764 m, 1/2 Std.), Steinplatte (1869 m, 3 1/4 Std.)

KARTE
Kompass Wanderkarte Nr. 14, Berchtesgadener Land – Chiemgauer Alpen, 1:50.000

INFORMATION
Tourist Info, Rathausplatz 1,
83242 Reit im Winkl, Tel.: 08640/80020,
Fax: 08640/80020,
E-Mail: info@reit-im-winkl.de,
Internet: www.reit-im-winkl.de

Die letzten Meter bis zum Straubinger Haus

Nach einer vollständigen Renovierung sind nicht nur die Räume des Straubinger Haus in sehr gutem Zustand – auch die Energieversorgung und das Vermarktungskonzept einheimischer Produkte entsprechen modernen Vorstellungen für den Betrieb einer Berghütte.
Knarrende Fußböden, enge Stuben mit niedriger Decke und die in vielen Berghütten anzutreffenden vom Rauch dunkel gewordenen, jahrhundertealten Deckenbalken wird man im Straubinger Haus vergeblich suchen. Hier sind die Stuben hell und geräumig, es gibt keine Ritzen, durch die der Wind zieht, und die Schnarchgeräusche aus dem Nebenzimmer sind nachts nur gedämpft zu vernehmen. Das erst 1977 erbaute Haus der Sektion Straubing ist 1999 baulich auf den neuesten Stand gebracht worden.

Strom aus Sonnenenergie Im Dezember 2002 übernahm Monika Wallner, die bereit sechs Jahre Hüttenwirtin auf der Hochrieshütte war, das Straubinger Haus. Heinz Mayerl unterstützt sie dabei. Der gelernte Be-

triebselektriker kümmert sich insbesondere um den Betrieb der hochmodernen Energieversorgungsanlage, die im Rahmen eines Forschungsprojekts hier eingebaut worden ist. Kernstück ist eine Fotovoltaik-Anlage, die bei Sonnenschein das Haus mit elektrischem Strom versorgt und gleichzeitig die Batterien im Keller lädt. Steht nachts oder an bewölkten Tagen keine Sonnenenergie zur Verfügung, übernimmt das umweltfreundlich mit Rapsöl betriebene Blockheizkraftwerk die Aufgabe, das Haus mit Strom und Wärme zu versorgen.
Eine über der Theke angebrachte Informationstafel zeigt dem Hüttenwirt sowie den Gästen stets aktuell an, in welchem Zustand sich die Energieversorgungsanlage gerade befindet, und aus welcher Quelle der momentan verbrauchte Strom stammt.

Schmankerl aus der Gegend Die Hüttenwirtin sorgt für hohe Qualität in der Küche, Bergbauernschmankerl werden hier nach traditionellen Rezepten frisch zubereitet. Kulinarischer Glanzpunkt sind die Kaspressknödel, die Monika Wallner mit Wildkräutern würzt, die sie in der Umgebung der Hütte gepflückt hat: Anis, Kümmel, Thymian, Oregano und Minze. Je nach Jahreszeit sammelt sie auch Beeren und Pilze, um sie in köstlichen Gerichten zu verarbeiten.
Fleisch, Wurst und Eier stammen von Bauern aus Kössen, die biologischen Landbau betreiben. Die Senner der drei umliegenden Eggenalmen liefern Milch, Butter, Käse und Buttermilch. Damit wird das traditionell gewachsene System aus Natur und Landwirtschaft in den Bergen gefördert und die regionalen Spezialitäten bleiben erhalten.

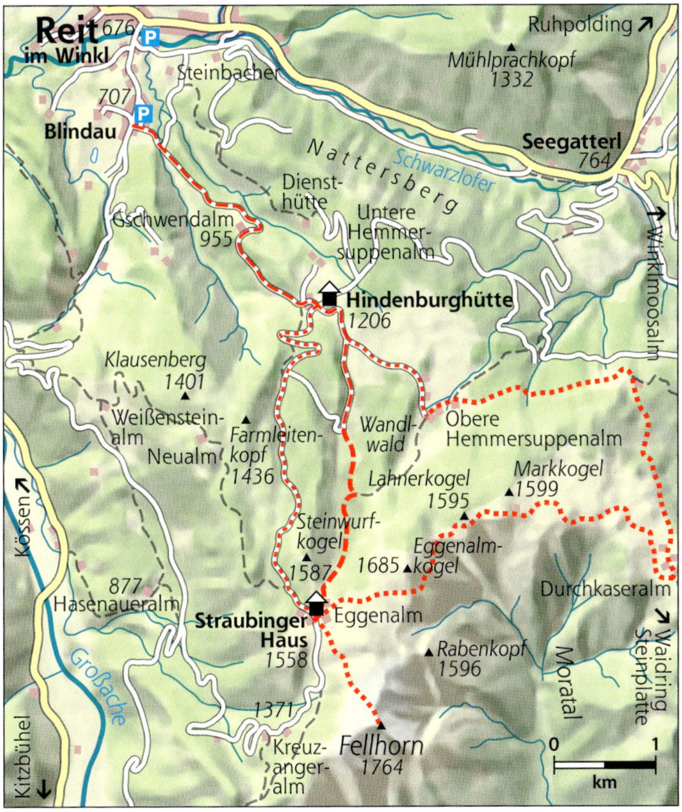

HÜTTENPORTRÄT

HÖHE
1558 m

ERBAUT
Ursprünglich 1920, 1977 neu errichtet, 1999 komplett renoviert (DAV-Sektion Straubing)

BEWIRTSCHAFTET
Anfang April bis Anfang November täglich, zwischen Weihnachten und Heilig Drei König ebenfalls täglich, danach bis Ostern nur Do bis So

KULINARISCHER TIPP
Kaspressknödel mit selbst gepflückten Wildkräutern aus der Hüttenumgebung gewürzt

HÜTTENWIRTIN
Monika Wallner

TELEFON
0043/5375/6429

BETTEN
20

LAGER
60

MATERIALBESCHAFFUNG
Güterweg von Reit im Winkl

BESONDERHEIT
Umweltfreundliche Energieversorgung, Direktvermarktung landwirtschaftlicher Produkte aus der Region

MIT DEM KLEINBUS ZUR HINDENBURGHÜTTE

Täglich zwischen 9.00 und 16.30 Uhr verkehrt jede halbe Stunde ein Kleinbus auf der für den öffentlichen Verkehr gesperrten Asphaltstraße zwischen der Tourist-Information in Reit im Winkl mit Halt beim Parkplatz im Ortsteil Blindau und dem Gasthof Hindenburghütte. Der Fahrpreis für die einfache Strecke beträgt für Erwachsene 3 Euro. Info unter Tel.: 0171/5437923.

Ruhebank am Stehwurfkogel

Zugang aus allen Himmelsrichtungen Der am meisten begangene Anstieg zum Straubinger Haus beginnt in Reit im Winkl. Vom Ortsteil Blindau führt eine asphaltierte Straße hinauf zum Gasthof Hindenburghütte (1206 m), den man nach gut einer Stunde erreicht. Alternativ dazu gibt es einen schönen Wanderweg (Weg Nr. 16), der an der Sprungschanze vorbei durch den Wald führt (ca. 1/2 Std. weiter). Zudem gibt es einen Kleinbus zur Hindenburghütte (siehe Kasten).

Wer mit dem Kinderwagen oder Mountainbike unterwegs ist, nimmt von der Hindenburghütte den Güterweg zum Straubinger Haus (Weg Nr. 27), Wanderer folgen zunächst noch ca. 10 Minuten der Asphaltstraße bergauf und zweigen dann rechts auf den Filzersteig (Weg Nr. 152) ab. Dieser geht zunächst fast eben durch bunt blühende Sumpfwiesen, später steigt er allmählich etwas an. Nach starken Regenfällen ist der Weg stellenweise rutschig, manchmal kann es passieren, dass man knöcheltief im aufgeweichten Boden versinkt.

Sobald der Wald beginnt, wird der Weg fester und geht weiter oben in Fels über. Hier tauchen auf etwa 100 Meter Länge mitten auf dem Weg etliche tiefe Löcher im Gestein auf, die das säurehaltige Moorwasser in den weichen Kalkstein gefressen hat. In der Dämmerung ist große Vorsicht geboten, denn die bis zu über einen Meter tiefen Klüfte können leicht zur Stolperfalle werden. Wenig später ist eine kleine Kapelle erreicht, unmittelbar darunter liegt bereits das Straubinger Haus.

DAS HAUSENHÄUSL

Das Heimatmuseum in Reit im Winkl zeigt anhand von originalen Exponaten, wie die Leute vor 100 Jahren im Ort gelebt haben. Juni bis September freitags von 14 bis 16 Uhr, nach Voranmeldung in der Gruppe sind auch andere Termine möglich. Tourist-Information, Tel.: 08640/80020.

Hinauf zum Fellhorn Von der Hütte ist es nicht mehr weit bis zum Gipfel des Fellhorns (1764 m), schon nach gut 30 Minuten kann man vom Gipfelkreuz aus einen herrlichen Rundblick genießen. Im Nordwesten stehen die Chiemgauer Alpen und im Westen das Kaisergebirge, Richtung Südosten bricht die Felswand steil ab, dahinter bauen sich die Loferer und Leoganger Steinberge auf. Im Süden kann man die Gipfel der Zillertaler und Kitzbüheler Alpen erkennen.

Wer frühzeitig unterwegs ist, kann den Rückweg auch über Windbichl (Windbühel, 1513 m) ausdehnen. Der schmale Pfad (Weg Nr. 201) führt spektakulär am Rand der steil abfallenden Felswand zum Moratal entlang, nach etwa 1 Std. geht es dann von der Durchkaseralm links hinunter zur Oberen Hemmersuppenalm (ca. 1 1/4 Std.) und von dort über die Hindenburghütte zurück nach Reit im Winkl.

Anstieg auf felsigem Weg

Wechselvolle Geschichte Die Besiedelung von Reit im Winkl reicht zurück bis zu den Kelten, die schon 550 v. Chr. die Region um den Chiemsee besiedelten. Der Begriff Chiemgau stammt von einem Bajuwaren namens »Chiemo«, der im 6. Jahrhundert hier lebte. In dieser Zeit ist auch die Siedlung Reit im Winkl entstanden. Ihr Name geht auf »reuten« zurück, was in unserer heutigen Sprache »roden« oder »urbar machen« in einem »Bergwinkel« bedeutet.

Das Straubinger Haus ist auch ein beliebtes Ziel für Mountainbiker, die über den Güterweg hinauffahren.

6 TRAUNSTEINER HÜTTE
Die Heimat der Gold-Rosi

leicht 320 m 2 Std.

ANFAHRT
Mit der Bahn stündlich von München nach Traunstein, umsteigen nach Ruhpolding und von dort weiter mit dem RVO-Bus Nr.9506 zum Seegatterl. Alternativ kann man auch bereits in Prien aus dem Zug aussteigen und mit den RVO-Bussen Nr. 9505 und 9506 über Reit im Winkl und Seegatterl zur Winklmoosalm fahren. Mit dem Auto nimmt man die A 8 München–Salzburg, Ausfahrt Bernau, und fährt dann auf der B 305 über Reit im Winkl zum Seegatterl. Dort gibt es einen großen Parkplatz; gegen Gebühr ist im Sommer eine Pkw-Anfahrt bis zur Winklmoosalm möglich.

AUSGANGSPUNKT
Parkplatz Seegatterl

HÜTTENANSTIEG
Von Parkplatz Seegatterl über den Wanderweg am Dürrnbach entlang (1 1/4 Std.) oder mit Kinderwagen bzw. Mountainbike auf dem Güterweg durch den Schwarzlofergraben (1 3/4 Std.); von der Bushaltestelle Winklmoosalm (10 Min.)

GIPFELZIELE
Dürrnbachhorn (1775 m, 1 3/4 Std.), Steinplatte (1869 m, 2 3/4 Std.)

KARTE
Kompass Wanderkarte Nr. 14, Berchtesgadener Land – Chiemgauer Alpen, 1:50.000

INFORMATION
Tourist Info, Rathausplatz 1,
83242 Reit im Winkl, Tel.: 08640/80020,
Fax: 08640/80020,
E-Mail: info@reit-im-winkl.de,
Internet: www.reit-im-winkl.de

Rechte Seite oben: Der Rundwanderweg durch das Gebiet der Winklmoosalm führt an der kleinen Kapelle vorbei.

Rechte Seite unten: Kinderspielplatz direkt vor der Traunsteiner Hütte

Durch die Goldmedaillen der alpinen Skirennläuferin Rosi Mittermaier ist die Winklmoosalm auf einen Schlag deutschlandweit bekannt geworden. Trotz des enormen Besucherandrangs geht es auf der Traunsteiner Hütte noch relativ ruhig und entspannt zu.

Als Rosi Mittermaier bei den Olympischen Spielen 1976 in Innsbruck gleich zweimal Gold und einmal Silber errang, wurde ihre Heimat über Nacht berühmt. Die Winklmoosalm oberhalb von Reit im Winkl hat sich seitdem zur größten Kommerzalm in Deutschland entwickelt. Die weitläufigen Weiden, bunt blühenden Bergwiesen und das beeindruckende Panorama der Loferer Steinberge locken jeden Tag Tausende von Besuchern an. Gleich mehrere Berggasthöfe liegen längs des etwa halbstündigen Rundwegs.

Herrliche Lage mit Weitblick Die Traunsteiner Hütte, auch als Traunsteiner Skihütte bekannt, liegt etwas abseits des Trubels an einem Südhang mit schönem Blick auf die Loferer Steinberge. Entsprechend voll ist an Sonnentagen die große Terrasse. Peter Pogluschek, der Hüttenwirt, hat alle Hände voll zu tun, um die Gäste zu bedienen. Er ist kaum ansprechbar, das Geschäft geht schließlich vor. Seine Frau Veronika sorgt währenddessen in der Küche für Nachschub und bereitet Stück für Stück des selbstgebackenen Kuchens vor.

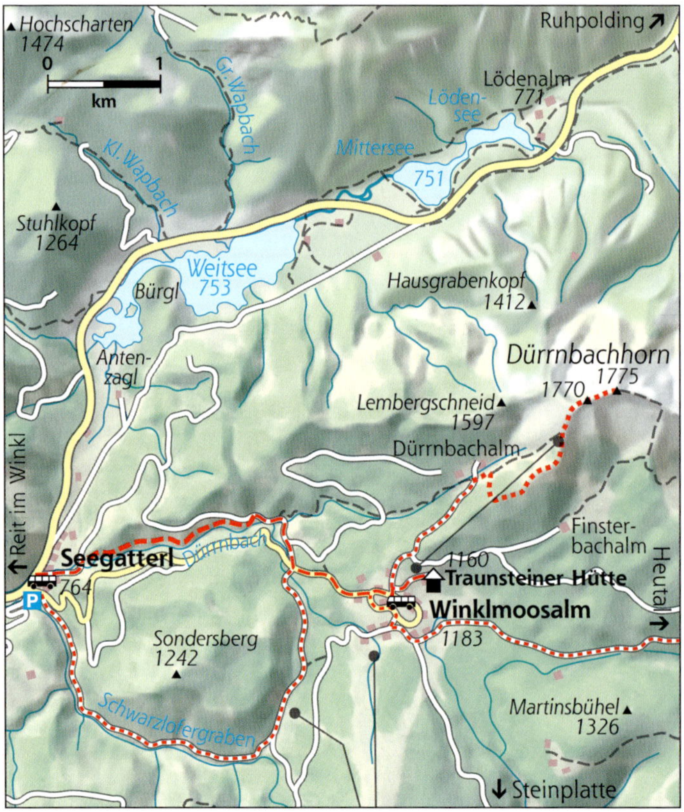

Erst gegen Abend wird es auf der Hütte langsam ruhiger, die Übernachtungsgäste treffen ein und die Wirtsleute bereiten das Bergsteigeressen vor. Die meisten sind über den Wanderweg entlang des Dürrnbachs aufgestiegen.

Auf das Dürrnbachhorn Bei den geplanten Touren für den kommenden Tag steht das Dürrnbachhorn (1775 m) an erster Stelle, das von der Traunsteiner Hütte über die Dürrnbachalm in knapp zwei Stunden zu erreichen ist. Von oben hat man einen sehr schönen Blick über die steil abfallende Nordwand auf das Alpenvorland mit den drei eng beieinander liegenden Bergseen, dem Weitsee, dem Mittersee und dem Lödensee.
Sehr beliebt ist auch die Tour von der Winklmoosalm zur Steinplatte (1869 m), von der aus man über einen sehr schönen Höhenweg zum Straubinger Haus gehen kann (insgesamt ca. 4 ½ Std.), um dort die nächste Nacht auf einer Hütte zu verbringen (siehe Hütte 5).

Durch das Heutal zum Staubfall
Für Familien mit kleineren Kindern empfiehlt sich eine Wanderung auf dem Güterweg ins Heutal (Weg Nr. 16). Der Weg ist gut befestigt, sodass man auch einen Kinderwagen mitnehmen kann, zudem sind keine großen Steigungen oder Gefälle zu bewältigen. Von der Traunsteiner Hütte geht es zunächst immer leicht bergab zum Heutaler Hof (ca. 2 Std.), von dort lohnt sich ein Abstecher zum Staubfall, der seinen Namen erhalten hat, weil das Wasser fein zerstäubt über den Fels hinabfällt. Zurück zur Winklmoosalm kommt man dann entweder auf dem gleichen Weg oder über Moarlack und Ochsenbrunn.

HÜTTENPORTRÄT

HÖHE
1160 m

ERBAUT
Um 1900, 1925 erweitert und 1987 renoviert (DAV-Sektion Traunstein)

BEWIRTSCHAFTET
Ganzjährig täglich außer Mittwoch, Mitte Juni für zwei Wochen und im November für drei Wochen geschlossen

KULINARISCHER TIPP
Verschiedene selbst gebackene Kuchen

HÜTTENWIRTE
Veronika und Peter Pogluschek

TELEFON
08640/81 40

BETTEN
4

LAGER
30

MATERIALBESCHAFFUNG
Zufahrtstraße über Seegatterl

7 BRÜNDLINGALM

Hüttenfeeling wie vor über 100 Jahren

leicht 150 m 2:30 Std.

ANFAHRT

Mit der Bahn stündlich von München nach Traunstein, dort umsteigen nach Ruhpolding und weiter mit dem Bus zur Steinbergalm. Wer von Bergen aus starten möchte, kann alle zwei Stunden mit dem Regionalexpress von München nach Bergen fahren, muss allerdings einen weiten Anmarsch durch den Ort in Kauf nehmen. Mit dem Auto nimmt man die A 8 München–Salzburg, Ausfahrt Siegsdorf, und fährt dann auf der B 305 über Ruhpolding zur Steinbergalm. Dort gibt es einen gebührenpflichtigen Parkplatz.

AUSGANGSPUNKT

Ruhpolding oder Bergen

HÜTTENANSTIEG

Von Ruhpolding über die Steinbergalm (2 1/2 Std.); vom Parkplatz an der Steinbergalm (3/4 Std.); von der Mittelstation der Hochfellnbahn (1/4 Std.); von der Talstation der Hochfellnbahn in Bergen (1 1/2 Std.); vom Wanderparkplatz Kohlstatt (1 1/4 Std.)

GIPFELZIELE

Hochfelln (1664 m, 1 1/2 Std.), Hochgern (1748 m, 4 1/2 Std.)

KARTE

Kompass Wanderkarte Nr. 14, Berchtesgadener Land – Chiemgauer Alpen, 1:50.000

INFORMATION

Tourist Info, Hauptstr. 60, 83324 Ruhpolding, Tel.: 08663/88060, Fax: 08663/880620, E-Mail: tourismus@ruhpolding.de, Internet: www.ruhpolding.de

Die Bründlingalm ist über einen breiten Wanderweg zu erreichen.

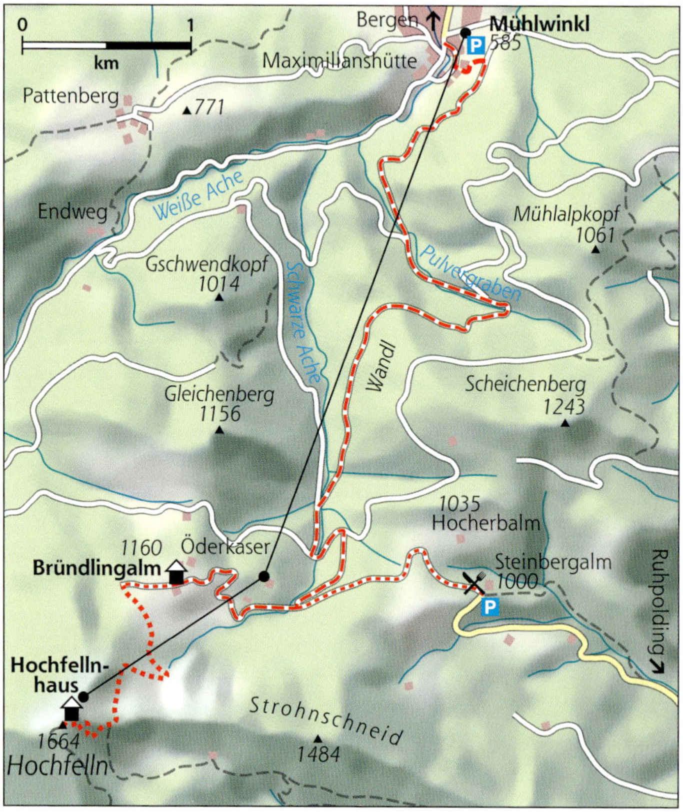

Rechte Seite oben: Liebevoll zusammengetragenes Sammelsurium in der Hütte

Die Bründlingalm zählt zu den ältesten Hütten in Bayern. In den engen Stuben kommen die dicht beieinander sitzenden Gäste schnell miteinander ins Gespräch.

Fast jeden Tag fährt der Hüttenwirt von seinem Wohnsitz in der Nähe des Chiemsees hinauf zur Bründlingalm. Dabei richtet er sich gern nach dem Wetter: »Wir öffnen meistens um 9 Uhr oder 10 Uhr, manchmal schon um 7 Uhr. Dann wieder erst um 12 Uhr oder 13 Uhr. Wir schließen ungefähr um 17.30 Uhr oder 18 Uhr, manchmal schon um 16 Uhr oder 17 Uhr. Dann wieder erst um 23 Uhr oder Mitternacht. Manche Tage oder Vormittage sind wir überhaupt nicht hier …«

Der Gast steht im Mittelpunkt Von ganzem Herzen ein Gastronom, orientiert sich Uwe Schramm stets an den Bedürfnissen der Gäste, und die richten sich wiederum nach dem Wetter. Ist es schön, kommen sie in Scharen, regnet es längere Zeit, dann bleiben sie weg. Am gemütlichsten ist es in der Hütte, wenn der Kachelofen angenehme Wärme verbreitet. Die vielen alten Fotografien an den Wänden zeugen von der Zeit, als auf der Bründlingalm noch die Sennerinnen und Senner mit der Käseproduktion beschäftigt waren.

Jeden ersten Montag im Monat um 19 Uhr gibt es einen Musikanten-Hoagart. Dabei kommen alle Musiker zusammen, die gerade Lust zu spielen haben: Trompete, Kontrabass und Gitarre sind auf der Bründlingalm fest deponiert. Ein festes Programm gibt es nicht, gespielt wird, was sich spontan ergibt. Gerade deshalb sind die Abende jedes Mal ein bisschen anders.

Anstieg von Bergen oder von Ruhpolding Es gibt zahlreiche Möglichkeiten, um zur Bründlingalm aufzusteigen (siehe Kasten). Doch egal, aus welcher Richtung man kommt, beim Anstieg gilt es stets die Augen offen zu halten, denn rund um die Hütte halten sich Gämsen, Murmeltiere, Füchse, Dachse und besonders viele Rehe auf.

Auf den Hochfelln Krönender Abschluss einer Tagestour ist der Aufstieg zum Gipfel des Hochfelln (1664 m, 1 ½ Std.), dessen überdimensionales Kreuz vierzig kräftige Chiemgauer Männer im Jahr 1886 von der Maxhütte in Bergen, wo es gegossen wurde, hier hinaufgetragen haben. Der Rundblick reicht vom Chiemsee im Norden über Watzmann, Göll und Dachstein im Osten bis zur Alpenhauptkette im Süden; Richtung Westen schließt sich das Kaisergebirge an. Daneben informieren etliche Schautafeln auf dem Gipfelrundweg über die 250 Millionen Jahre alte Geschichte des Gesteins und erklären, wie die Muschel- und Korallenabdrücke in diese Höhe gekommen sind.

Blick ins Tal Richtung Ruhpolding

HÜTTENPORTRÄT

HÖHE
1160 m

ERBAUT
Ca. 1855, privat

BEWIRTSCHAFTET
Ganzjährig geöffnet, Ausnahme bei extrem schlechtem Wetter

KULINARISCHER TIPP
Almpfandl

HÜTTENWIRT
Uwe Schramm

TELEFON
08662/8231

ÜBERNACHTUNG
In der Bründlingalm auf Anfrage möglich, Gästezimmer gibt es auch im daneben liegenden Öderkaser, Tel.: 08662/8468.

MATERIALBESCHAFFUNG
Über Güterweg aus Ruhpolding

BESONDERHEIT
Jeden ersten Montag im Monat um 19 Uhr Musikanten-Hoagart *(dt. Musikanten-Treff)*

8 PRIENER HÜTTE

Die Schmankerl-Oase

mittel 700 m 3:45 Std.

ANFAHRT

Mit der Bahn stündlich von München nach Prien, von dort mit der Chiemsee-Bahn nach Aschau und dann mit dem RVO-Bus Nr. 9502 nach Sachrang. Mit dem Auto nimmt man auf der A 8 München–Salzburg die Ausfahrt Frasdorf und fährt dann auf der Landstraße ca. 15 Kilometer über Aschau nach Sachrang. Kurz vor dem Ort ist linker Hand ein Wanderparkplatz.

AUSGANGSPUNKTE

Sachrang, Ettenhausen oder Walchsee

HÜTTENANSTIEG

Von Sachrang auf dem Güterweg mit dem Kinderwagen oder Mountainbike (2 1/4 Std.), für Wanderer gibt es zwischendurch einen abkürzenden Steig; von Ettenhausen auf dem Güterweg zur Wuhrsteinalm und weiter auf einem Steig (2 3/4 Std.); von Walchsee auf dem Güterweg (2 3/4 Std.)

GIPFELZIELE

Geigelstein (1813 m, 1 Std.),
Breitenstein (1661 m, 1 Std.)

KARTE

Kompass Wanderkarte Nr. 10, Chiemsee – Simssee, 1:50.000

INFORMATION

Verkehrsverein Sachrang, Dorfstr. 20,
83229 Sachrang
Tel.: 08057/378, Fax: 08057/1051,
E-Mail: info@sachrang.de,
Internet: www.sachrang.de

Rechts hinter der Priener Hütte geht es hinauf zum Geigelstein.

Nach einer Komplettrenovierung stellt die Hütte unterhalb des Geigelsteins auch anspruchsvolle Gäste zufrieden: Die Zimmer haben fließend Warmwasser und die Gerichte sind vom Feinsten.

Als auf der 22. Generalversammlung der Alpenvereinssektion Prien im Jahr 1913 das erste Mal der Antrag gestellt wurde, am Geigelstein eine Unterkunftshütte zu bauen, konnten sich die damaligen Mitglieder kaum vorstellen, welch stattliches Haus einmal auf dem damals ausgewählten Grundstück stehen würde. Zumal es noch bis 1930 dauerte, bis das Bergsteigerheim eingeweiht werden konnte.

Komfort wird groß geschrieben Mehr als 70 Jahre später, in denen die Priener Hütte mehrmals aufwändig um- und ausgebaut worden ist, kann Christa Robl, die Hüttenwirtin, stolz ihre Besucher herumführen. Die gemütlich eingerichteten Zimmer haben alle ein Waschbecken mit fließendem Warmwasser und für die verschwitzten Wanderer stehen mehrere Duschen bereit.

Das Aushängeschild für die Priener Hütte ist die Gaststube und ihr Mittelpunkt der große Kachelofen. Daneben gibt es die Priener Stube sowie eine kleine Sektionskammer und natürlich die große, nach Süden ausgerichtete Terrasse, die auch an kalten Wintertagen frequentiert wird, sofern die Sonne kräftig scheint.

Anstiege aus drei Richtungen Die am häufigsten begangene Route zur Priener Hütte startet im Priental. Mit dem Mountainbike oder einem Kinderwagen geht man am Wanderparkplatz kurz vor Sachrang los und folgt dem mäßig ansteigenden Güterweg durch den Wald nach oben. Wer zu Fuß unterwegs ist, kann auch etwas weiter nördlich in Huben beginnen. Der Pfad kommt nach etwa 20 Gehminuten mit dem Güterweg zusammen. Weiter oben, im Bereich der ersten Almen, gibt es für die Wanderer einen Abschneider über einen steil ansteigenden Steig. Wer es etwas gemütlicher mag, kann stattdessen dem Güterweg folgen, der sich in einer weiten Schleife durch die grünen Wiesen zieht.

Zwischen Marquartstein und Kössen gibt es aus Richtung Osten ebenfalls einen Anstieg zur Priener Hütte. Er beginnt in Ettenhausen, wo man zunächst auf einem breiten Weg hinauf zur Wuhrsteinalm wandert. Von dort existiert eine direkte Verbindung über einen steil ansteigenden Steig.
Dritte Möglichkeit ist ein Güterweg, der aus südlicher Richtung auf der österreichischen Seite vom Walchsee über Baumgartenalm und Ruhpoldalm zur Priener Hütte führt.

Einheimische Bergbauernküche Die Hüttenwirtin nimmt im Übrigen an dem Projekt »So schmecken die Berge« teil, in dessen Rahmen die

HÜTTENPORTRÄT

HÖHE
1411 m

ERBAUT
1925, 1964 umgebaut, 1974 und 1997 komplett renoviert (DAV-Sektion Prien)

BEWIRTSCHAFTET
Ganzjährig täglich geöffnet

KULINARISCHER TIPP
Käsespätzle und Kaiserschmarrn

HÜTTENWIRTIN
Christa Robl

TELEFON
08057/428

BETTEN
35

LAGER
70

MATERIALBESCHAFFUNG
Über Güterweg aus Sachrang

BESONDERHEIT
Elf gemütlich eingerichtete Zimmer mit fließend Warm- und Kaltwasser, umweltfreundliches Blockheizkraftwerk, Direktvermarktung von Produkten aus der Region

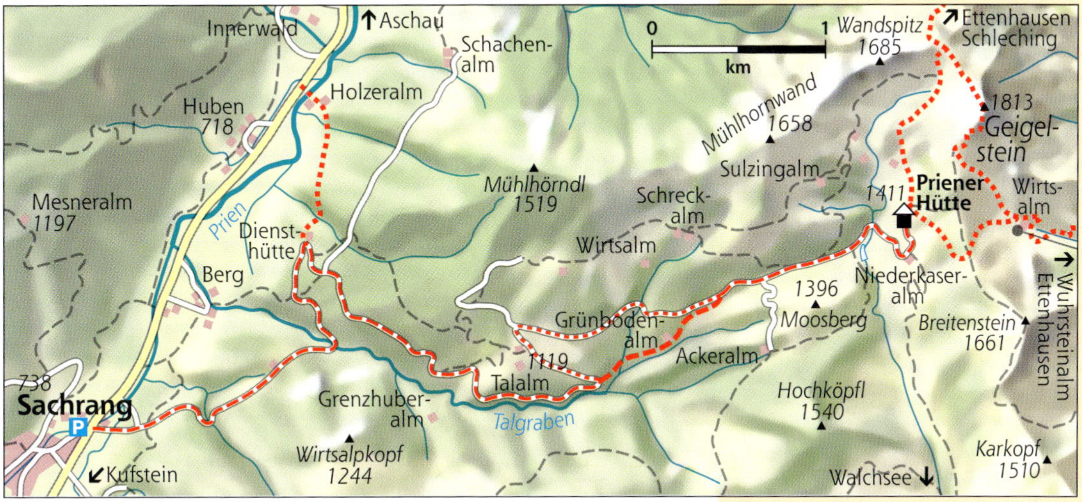

DAS SCHLOSS HOHENASCHAU

Konrad und Arnold von Hirnsberg ließen im 12. Jahrhundert an einer strategisch günstigen Stelle am Eingang zum Oberen Priental die Burg Hohenaschau erbauen. Heute ist die weithin sichtbare Bastion ein Ferienwohnheim der Bundesfinanzverwaltung; dennoch können im Rahmen einer Führung Teile der Anlage besichtigt werden (Mai bis September, Di bis Fr 9.30, 10.30 und 11.30 Uhr). Zum Schloss gehört auch das Prientalmuseum mit dem »Burgladerl«, einem im Stil der Jahrhundertwende eingerichteten Kramerladen (zusätzlich zur Burgführung auch am Sonntag von 13.30 bis 17 Uhr geöffnet).

Der katholische Glaube hat in den Bergen noch eine große Bedeutung.

Direktvermarktung regionaler Produkte auf den bayerischen Alpenvereinshütten gefördert wird. Daher kommen bei Christa Robl nur regionale Nahrungsmittel aus biologischem Anbau in den Kochtopf. Sie werden nach traditionellen Rezepten zubereitet und sind ein wahrer Genuss. Hoch im Kurs stehen vegetarische Gerichte wie Käsespätzle oder Kaspressknödl, aber auch Schnitzel und Wildgerichte werden gerne bestellt. Krönung ist der Kaiserschmarrn, der wie alle anderen Speisen frisch zubereitet wird. So ist es kein Wunder, dass sich neben den Bauern der umliegenden Almen auch viele Einheimische zum Austausch von Neuigkeiten am großen Stammtisch einfinden.

Umweltgerechte Energieversorgung Vor einigen Jahren ist die Priener Hütte mit einem modernen Blockheizkraftwerk ausgestattet worden. Zuvor mussten Strom und Wärme mit zwei Dieselgeneratoren und einem Ölbrenner erzeugt werden, die rund 22.000 Liter Heizöl im Jahr verbraucht haben. Das neue Blockheizkraftwerk verbrennt umweltfreundliches Rapsöl, zudem reicht die Abwärme aus, um das Brauchwasser und die Heizkörper auf angenehme Temperaturen zu bringen.

Auf zum Geigelstein Die meisten Wanderer brechen nach einer kurzen Rast zum Geigelstein auf, dessen imposante Kulisse von der Hütte aus zu sehen ist. Der Weg zum Gipfel ist gut zu begehen, der Aufstieg dauert knapp eine Stunde. Aufmerksamkeit unterwegs wird belohnt, denn in der

Gegend sind etliche Murmeltiere angesiedelt. Oben bietet sich eine imposante Rundumsicht, die an Tagen mit guter Fernsicht im Norden bis zum Bayerischen Wald und im Süden bis zum Großglockner reicht.

Von Hütte zu Hütte Sehr beliebt sind Streckenwanderungen. Dabei verbringt man jede Nacht auf einer anderen Hütte. Nächstes Etappenziel ist entweder das etwa fünf Stunden entfernte Kampenwandhaus (1467 m) oder das Spitzsteinhaus (1263 m) bzw. die Riesenhütte (1345 m) auf der anderen Seite des Prientals.

Das ganze Jahr über geöffnet Ruhetage gibt es auf der Priener Hütte keinen einzigen, das Haus ist an 365 Tagen im Jahr geöffnet. Natürlich geht auch die Hüttenwirtin mal in den wohlverdienten Urlaub. Während dieser Zeit sind Aushilfen für das Geschäft zuständig.
Drei Termine sollte man sich auf jedem Fall merken: Am ersten Wochenende im Juli wird an der Priener Hütte eine Bergmesse abgehalten und im Advent kommen die Einheimischen zum beliebten Weihnachtssingen hinauf. Und im Jahr 2005 wird das 75-jährige Hüttenjubiläum gefeiert.

Prächtige, einzel stehende Fichte auf dem Weg durch die Almwiesen

DER MÜLLNER PETER VON SACHRANG

Er hieß Peter Hueber und lebte von 1766 bis 1843 als Landwirt und Müller, Laienarzt und Apotheker, Musiker und Chorleiter in Sachrang. Seine Stellung innerhalb der Gemeinde war so herausragend, dass ihn Carl Oscar Renner zur Hauptfigur in einem Roman machte. Später hat man ihm ein eigenes Museum gewidmet. Es ist in den Räumen der Sachranger Schule untergebracht und von Mai bis Oktober Mo, Do, Sa, So von 14 bis 17 Uhr sowie Mi von 10 bis 12 Uhr geöffnet.

9 RIESENHÜTTE

Holz vom Berg

mittel 750 m 4:30 Std.

ANFAHRT

Mit der Bahn stündlich von München nach Prien, von dort weiter mit der Chiemsee-Bahn nach Aschau. Mit dem Auto nimmt man auf der A8 München–Salzburg die Ausfahrt Frasdorf. Südlich des Orts gibt es in der Nähe der Lederstube einen großen Wanderparkplatz. Auch in Soilach ist der Wanderparkplatz ausgeschildert.

AUSGANGSPUNKTE

Aschau, Frasdorf oder Soilach

HÜTTENANSTIEG

Von Aschau (Bahnanreise) über Hofalm (2 1/4 Std.); von Frasdorf mit dem Kinderwagen oder Mountainbike auf dem Güterweg über die Frasdorfer Hütte (2 1/2 Std.); von Soilach über Schmiedalm (Güterweg und Steig, 1 3/4 Std.); von der Bergstation der Hochries-Seilbahn (schlechter Weg, 3/4 Std.)

GIPFELZIELE

Riesenberg (1449 m, 15 Min.), Spielberg (1440 m, 15 Min.), Hochries (1568 m, 3/4 Std.), Predigtstuhl (1494 m, 1 Std.)

KARTE

Kompass Wanderkarte Nr. 10, Chiemsee – Simssee, 1:50.000

INFORMATION

Tourist Information, Schulstr. 7, 83112 Frasdorf, Tel.: 08052/179625, Fax: 08052/179628, E-Mail: info@frasdorf.com, Internet: www.frasdorf.com

Die Riesenhütte wurde weder für noch von Riesen erbaut. Auch in der Umgebung der Hütte wird man diese Märchengestalten vergeblich suchen. Der Begriff stammt aus einer ganz anderen Ecke. Das Geheimnis um den Namen der Hütte ist schnell gelüftet: Als früher das Holz in den Bergen geschlagen wurde, gab es noch keine Güterwege, um die Stämme ins Tal zu bringen. Deshalb wurde in den steilen Berghang oberhalb von Schwarzenberg eine Schneise geschlagen, in der das Holz zu Tal rutschen konnte. Eine solche Holzschneise wurde »Ries« genannt, später ist daraus der Riesenberg geworden und damit hatte auch die Riesenhütte ihren Namen.

Ideal für Kinder Es sind insbesondere die Kleinen, die sich heute auf der Riesenhütte wohl fühlen. Dafür haben Brigitte und Hans Bachmann, die beiden Wirtsleute, eine große Spielkiste in die Stube gestellt, in der zahlreiche Spiele darauf warten, ausprobiert zu werden. Aber auch draußen können die Kleinen nach Belieben herumtollen, nirgendwo in der Nähe besteht Absturzgefahr. Zudem dürfen sie abends ihr eigenes Lagerfeuer entzünden, was besonders viel Spaß macht.

Von Frasdorf zur Riesenhütte Auch der Anstieg zur Hütte ist für Kinder gut geeignet; von Frasdorf führt ein breiter Güterweg hinauf. Sie können hier zu mehreren nebeneinander gehen, herumrennen und die Gegend erkunden. Selbst die Kleinsten im Kinderwagen können mitgenommen werden. Nach gut einer Stunde Gehzeit gibt es in der Frasdorfer Hütte (945 m) einen Zwischenstopp zum Trinken, Essen und Ausruhen. Dann ist auch schon die halbe Strecke geschafft.

Wer den alternativen Anstieg von Soilach wählt, hat es nicht ganz so bequem wie auf dem Güterweg, dafür geht man hier auf schmalen Steigen abwechselnd durch den Wald und über die Weiden. Etwas oberhalb der Frasdorfer Hütte kommen dann beide Anstiege zusammen. Da im Wald Rehe, Hirsche und mitunter auch Gämsen zu beobachten sind, gilt es die Augen offen zu halten.

Auf den Riesenberg Selbst der nächstgelegene Gipfelanstieg von der Riesenhütte fällt in die Kategorie »kinderfreundlich«. Schon nach einer Viertelstunde Gehzeit ist die höchste Spitze des Riesenbergs (1449 m) erreicht und Chiemsee und Simssee breiten sich nun unter uns aus. Gut zu erkennen ist auch die Kampenwand, wenn man in Richtung Osten schaut.

Das fehlende Stück Dach der Riesenhütte Auf dem Gipfel des Riesenbergs kann man sich dann die Geschichte erzählen lassen, wie die eigenwillige Dachform der Riesenhütte entstanden ist. Ursprünglich stand an dieser Stelle eine alte Sennhütte, die zur Übernachtungshütte erweitert werden sollte. Der alte Baron von Cramer-Klett, damals noch Herr von Hohenaschau und Besitzer vieler Ländereien in der Region, wollte sich jedoch die Sicht vom Riesenberg auf den Laubenstein nicht verbauen lassen und verfügte damals, dass das Dach auf der Rückseite der Riesenhütte wesentlich kürzer sein musste als auf der Vorderseite. Daher hat die Hütte heute diese etwas eigenwillige architektonische Form.

Die Fantasie eines Malers macht aus einem Baumstück einen Esel.

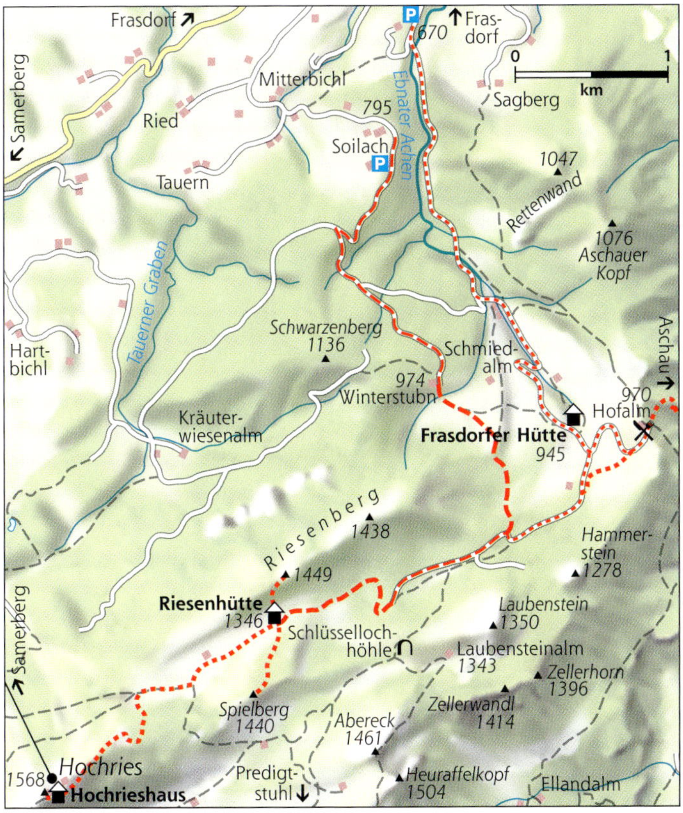

HÜTTENPORTRÄT

HÖHE
1346 m

ERBAUT
Vor 1900, 1967 komplett umgebaut (DAV-Sektion Oberland)

BEWIRTSCHAFTET
Ganzjährig täglich geöffnet, außer im April/Mai für zwei Wochen und den ganzen November

KULINARISCHER TIPP
Kaiserschmarrn

HÜTTENWIRTE
Brigitte und Hans Bachmann

TELEFON
08052/2921

BETTEN
12

LAGER
30

MATERIALBESCHAFFUNG
Über Güterweg aus Frasdorf

BESONDERHEIT
Zu Pfingsten Freilichtkino

Linke Seite oben: Das Hüttenschild ist umgeben von Kletterpflanzen und alten Wurzelstöcken.

Unten: Aussichtspunkt oberhalb der Frasdorfer Hütte

10 HÖHLENSTEINHAUS

Den Inn zu Füßen

mittel 300 m 2:30 Std.

ANFAHRT

Mit der Bahn stündlich von München über Rosenheim und Kufstein nach Langkampfen. Dort nimmt man den Anstieg über Unterlangkampfen. Mit der RVO-Buslinie 1088 Tegernsee–Bayrischzell–Kufstein kommt man zweimal täglich nach Thiersee. Mit dem Auto fährt man entweder auf der A 93 vom Inntal-Dreieck über Kufstein nach Thiersee oder man nimmt die B 307 von Miesbach über Bayrischzell nach Thiersee. Beim Gasthof Schneeberg im Ortsteil Mitterland gibt es einen gebührenpflichtigen Parkplatz (2 Euro).

AUSGANGSPUNKTE

Thiersee, Hinterthiersee, Unterlangkampfen oder Nieder-Breitenbach

HÜTTENANSTIEG

Vom Ortsteil Mitterland in Thiersee über Jochalm (1 1/2 Std.); mit Mountainbike oder Kinderwagen vom Ortsteil Bichl in Hinterthiersee auf dem Güterweg (1 1/2 Std.); vom Inntal aus Unterlangkampfen oder Nieder-Breitenbach über einen steilen Steig (1 1/2 Std.)

GIPFELZIELE

Feuerköpfl (1292 m, 10 Min.), Köglhörndl (1645 m, 1 Std.), Pendling (1563 m, 1 1/2 Std.)

KARTE

Kompass Wanderkarte Nr. 8, Tegernsee – Schliersee – Wendelstein, 1:50.000

INFORMATION

Tourismusbüro, Vorderthiersee 40,
A-6335 Thiersee, Tel.: 0043/5376/5230,
Fax: 0043/5376/4333,
E-Mail: info@thiersee.at,
Internet: www.thiersee.at

Einer der vielen Ausblicke unterwegs

Nur wenige Schritte von der Hütte entfernt bekommt man einen fantastischen Blick in das tief darunter liegende Inntal. Dahinter bauen sich die mit Schnee und Eis bedeckten Gipfel der Kitzbüheler, Zillertaler und Tuxer Alpen auf.
Wie ein Wächter am Portal zum Tiroler Inntal erscheint der Pendling vor dem Besucher, wenn man von Rosenheim kommend in Richtung Kufstein fährt. Die gewaltigen Felswände sind schon von weitem deutlich erkennbar; sie fallen ins Inntal sehr steil ab. Erst wenn man von Thiersee aus auf seine wesentlich flachere Rückseite blickt, kann man sich einen Anstieg auf diesen Aussichtsberg vorstellen.

Start in Mitterland Idealer Ausgangspunkt für den Anstieg auf den Pendling ist der Gasthof Schneeberg im Ortsteil Mitterland. Von Thiersee fährt man dazu zunächst beim Seewirt links in Richtung Mitterland und zweigt dann beim Gasthof Pfarrwirt wieder links ab. Der gebührenpflichtige Parkplatz ist dort ausgeschildert.
Wem der Gipfel des Pendling zu weit oder zu anstrengend ist, der kann alternativ zum Höhlensteinhaus hinaufsteigen; vom dortigen Feuerköpfl hat man fast die gleiche Aussicht in das darunter gelegene Inntal. Diese Hütte ist auch das Ziel unserer Tour. Der Weg ist für die ersten 10 Minuten noch identisch, deshalb kann man sich beim Parkplatz an den Wegweiser zum Pendling halten. Erst wenn man die letzten Häuser bereits hinter sich gelassen hat, hält man sich an der Abzweigung an die rechte Forststraße. Ab hier taucht auch die Beschilderung »Höhlenstein« erstmals auf. Durch den dichten Wald geht es vorbei an hohen Farnen und vielen Christrosen zunächst längere Zeit mäßig bergauf, rechter Hand blickt man durch die Bäume auf die Hänge des Sonnbergs auf der anderen Talseite.

Seltene Schneerosen In der Zeit zwischen Ende April und Anfang Mai kann man auf dem Weg zwischen Schneeberg und Pendling eine in Europa fast ausgestorbene Blume sehen, die Schneerose. Die Pflanze blüht zunächst in einem intensiven Weiß, später ändert sich die Farbe und die Blüte wird rosa. Die Schneerosen stehen unter Naturschutz und dürfen nicht gepflückt werden.

Über die Jochalm zum Höhlensteinhaus Nach etwa einer Stunde Gehzeit bekommt man an der Jochalm bereits einen Vorgeschmack auf die grandiose Aussicht. Das Joch zwischen Mittagskopf und Jochkopf wird überschritten und der Blick in Richtung Süden ist frei. Tief unten zieht sich das Inntal hin, dahinter sind die hohen Gipfel der Kitzbüheler, Zillertaler und Tuxer Alpen zu erkennen.
An der Jochalm endet der Güterweg, das restliche Stück wandert man auf einem Steig zumeist auf gleicher Höhe unterhalb des Jochkopfs vorbei und erreicht etwa 30 Minuten später das Höhlensteinhaus (1230 m), das etwas nach hinten versetzt in einem weiten Hochtal liegt. Es ist umgeben von sanften Hügeln.

Die Hütte mit den zwei Höhlen Der Name der Hütte hängt tatsächlich mit den zwei Höhlen zusammen, die beide etwa 10 bis 15 Minuten entfernt zu besichtigen sind. Der Weg dorthin ist markiert, notfalls hilft der Hüttenwirt weiter. Die eine Höhle ist 12 Meter lang, die andere 70 Meter. Beim Hineingehen ist eine Taschenlampe notwendig. Bei der längeren ist der Einstieg etwas mühselig, man muss fast auf allen vieren hineinkrie-

HÜTTENPORTRÄT

HÖHE
1230 m

ERBAUT
1937 (privat)

BEWIRTSCHAFTET
Täglich von Mitte Mai bis Ende Oktober

KULINARISCHER TIPP
Schweinshaxe (nur Sa und So)

HÜTTENWIRT
Josef Erharter

TELEFON
0043/664/5 16 03 80

ÜBERNACHTUNG
12 Schlafplätze in der nahen Kalaalm
(Tel.: 0043/5376/50 88)

MATERIALBESCHAFFUNG
Über Güterweg aus Hinterthiersee

BESONDERHEIT
Jeden Mittwochnachmittag Hausmusik

Vom Feuerköpfl reicht der Blick übers Inntal auf die Kitzbüheler Alpen.

chen. Innen öffnet sich eine riesige Halle, die so groß ist, dass selbst das Höhlensteinhaus komplett hineinpassen würde.

Frische Milch direkt von der Almweide Das Höhlensteinhaus war ursprünglich eine Sennhütte, die 1937 ausgebaut worden ist. 1950 hat der Großvater des heutigen Hüttenwirts das Höhlensteinhaus übernommen, die Viehwirtschaft aber weiterhin fortgeführt. Heute sind noch 10 Milchkühe und 30 Stück Jungvieh auf der Weide, im Stall steht ein Hausschwein, und rund um die Hütte tummeln sich etwa 40 Puten. Die Milchkühe geben täglich 150 Liter Milch, die vor Ort zu Butter und Graukäse verarbeitet wird. Da auf dem Höhlensteinhaus auch frisches Brot gebacken wird, steht immer eine leckere Brotzeit bereit.

Einmal in der Woche wird musiziert Jeden Mittwochnachmittag kommen die Leute zum Musizieren ins Höhlensteinhaus. Immer dabei sind drei Volksmusikanten mit Tuba, Gitarre und Ziehharmonika. Der weitere Ablauf ergibt sich von selbst, jeder, der möchte, kann mitspielen. Zahlreiche Musikinstrumente bis hin zur Harfe sind vorhanden. Dazu kocht die Hüttenwirtin groß auf, meist gibt es Gulasch für alle oder eine leckere Gerstlsuppe.

Fantastische Aussicht von Feuerköpfl und Köglhörndl Nur wenige Gehminuten südlich des Höhlensteinhauses hat man bereits vom Feuerköpfl eine wunderbare Aussicht in das tief darunter liegende Inntal. Noch etwas besser ist die Sicht vom Köglhörndl, dessen Gipfel von der Hütte aus in etwa einer Stunde Gehzeit zu erreichen ist. An Tagen mit guter Fernsicht kann man bis zum Großvenediger und den Hohen Tauern sehen.

DIE PASSIONSSPIELE IN THIERSEE

Seit 1799 stellen die Thierseer das Leiden und Sterben des Heilands in einem Passionsspiel dar. Dazu wurde eigens ein großes Spielhaus erbaut. Die Aufführung beginnt um 13 Uhr, gespielt wird an bestimmten Tagen zwischen Anfang Juni und Anfang Oktober. Weitere Informationen unter Tel.: 0043/5376/52 20 oder unter www.passionsspiele.thiersee.at im Internet.

Zurück nach Thiersee Für den Abstieg nach Thiersee wird ein kleiner Abstecher über die Kalaalm empfohlen, in der man bei Bedarf auch übernachten kann, nachdem die Schlafplätze auf dem Höhlensteinhaus seit kurzem nicht mehr angeboten werden. Zunächst geht es auf dem Steig durch den Wald wieder zurück zur Jochalm, dort wählt man jedoch nicht den Güterweg hinunter ins Tal, sondern biegt rechts auf einen Steig ein, der unterhalb der Felsen meist auf gleicher Höhe Richtung Pendling führt. Über einen kurzen, aber steilen Anstieg kommt man hinauf in ein schön gelegenes Hochtal, das direkt an der Kalaalm endet. Von dort sind es dann nur noch wenige Minuten hinunter zur bewirtschafteten Kalaalm, von der man auf einem Güterweg in knapp einer Stunde wieder hinunter zum Parkplatz beim Gasthof Schneeberg kommt.

Alternativer Anstieg vom Inntal Wer mit der Bahn anreist, kann das Höhlensteinhaus auch vom Inntal her erreichen. Der Steig von Unterlangkampfen ist zwar relativ steil, dafür hat man allerdings von Anfang an den schönen Blick ins Inntal. Der Weg beginnt am Haltepunkt Langenkampen und führt von dort mitten durch den kleinen Ort direkt auf den steil aufragenden bewaldeten Bergwald zu. Am oberen Ortsende wandert man zunächst etwa einen Kilometer auf dem Güterweg in Richtung Kreit, dann beginnt rechterhand ein Steig, der in engen Serpentinen steil hinaufführt.

Alternative Güterweg Für Mountainbiker oder Familien mit dem Kinderwagen ist der steile Ansteig natürlich nicht geeignet. Für sie ist der Güterweg zu empfehlen, den die Wirtsleute vom Höhlensteinhaus auch mit dem Auto nehmen: Er beginnt im Hinter-Thierseer Ortsteil Bichl und ist mit der Wegnummer 4 gekennzeichnet.

MIT DEM SCHIFF DEN INN BEFAHREN

Das Schiff heißt St. Nikolaus und hat seinen Heimathafen in Kufstein am Fischergries. Von dort legt es im Sommer dreimal täglich ab zu einer Rundtour über Kiefersfelden, Ebbs, Niederndorf und Oberaudorf zurück nach Kufstein. Weitere Informationen unter Tel.: 0043/5243/5253 oder unter www.tirol-schiffahrt.at im Internet.

Kurz vor der Jochalm liegt der Weg schon vormittags in der Sonne.

11 VORDERKAISERFELDENHÜTTE

Ganzjährig geöffneter Wanderstützpunkt

leicht 880 m 4 Std.

ANFAHRT

Mit der Bahn bis Kufstein, dort mit dem Bus oder zu Fuß nach Sparchen bis zum Eingang des Kaisertals. Mit dem Auto auf der Inntalautobahn bis Ausfahrt Kufstein Nord, in Kufstein Richtung Ebbs, dann abbiegen Richtung Kaisertal (Wanderparkplatz). Um nach Buchberg zu gelangen; nimmt man auf der Inntalautobahn die Ausfahrt Niederndorf und folgt nach der Ortsdurchfahrt rechts der beschilderten Abzweigung.

AUSGANGSPUNKTE

Kufstein-Sparchen, Buchberg am Kaiser

HÜTTENANSTIEG

Durch das Kaisertal zunächst über Stufen auf dem so genannten Sparchensteig, dann noch vor dem Berghotel Pfandl links ab und auf gemütlichem Weg zur Hütte (2 ½ Std.). Der schattige Nordanstieg führt von Buchberg am Kaiser über die Ebbser Jagdhütte zum Teil sehr steil durch Wald zur Hütte (2 Std.).

GIPFELZIELE

Naunspitze (1633 m, ¾ Std.), Petersköpfl (1745 m, 1 Std.), Pyramidenspitze (1997 m, 2 Std.)

KARTE

Kompass Wanderkarte Nr. 9, Kaisergebirge, 1:50.000

INFORMATION

Tourismusverband Kufstein,
Unterer Stadtplatz 8, A-6330 Kufstein,
Tel: 0043/5372/62207, Fax: 0043/5372/61455, E-Mail: kufstein@netway.at
Internet: www.kufstein.at

Am Spätnachmittag haben die meisten Wanderer bereits das Weite gesucht. Die verbliebenen Gäste genießen die warmen Sonnenstrahlen auf der Terrasse der Vorderkaiserfeldenhütte.

Wer bei der Besteigung der Pyramidenspitze ein wenig Nervenkitzel in Form von atemberaubenden Tiefblicken verträgt und sich die Vorderkaiserfeldenhütte für eine gemütliche Kaffeerunde aufsparen will, der sollte den Anstieg durch das Winkelkar wählen und den gesamten Bergstock des Zahmen Kaisers über- bzw. sogar umschreiten. Die Rundtour ist mit knapp 1500 Höhenmetern und rund acht Stunden Gehzeit sehr lang und anstrengend, dafür abwechslungsreich, kurzweilig und landschaftlich großartig. Selbst unter befreundeten Bergsteigern fanden wir niemanden, der diese grandiose Route in dieser Form schon einmal gegangen ist.

Aufstieg durch das Winkelkar zur Pyramidenspitze Als Ausgangsort bietet sich der Wanderparkplatz an der Aschingeralm gut 2 Kilometer östlich von Buchberg an. Bevor der eigentliche Anstieg durch das Winkelkar beginnt, muss quasi als Warm-Up noch eine ordentliche Hürde genommen werden: der Übergang über die Jofenalm zur Winkelalm. Zunächst folgt man dem Fahrweg in südöstlicher Richtung bis in die Senke, wo rechts der spärlich markierte Steig abzweigt und erst über Wiesen, dann sehr steil durch Wald emporführt. Nach Passieren der urigen Alm geht es steil hinab, sodass wir fast alle erklommenen Höhenmeter wieder einbüßen.

An der Winkelalm rüstet man sich für den Aufstieg durch das Winkelkar. Zunächst wandert man direkt auf die abweisenden Nordwände der Pyramidenspitze zu und gewinnt über Gras- und Schutthänge rasch an Höhe. Der Steig wendet sich nach Westen einer Steilstufe zu, in der die Kletterpassagen mit Drahtseilen gesichert sind. Schließlich erreicht man über den Nordgrat und eine letzte atemberaubende Leiter den Gipfel der Pyramidenspitze (1997 m).

Dreiste Bergdohlen in ihrem Element Auf der Pyramidenspitze fühlen sich die Bergdohlen heimisch. Teilweise sind die schwarzen Vögel so dreist, dass keine Brotzeit vor ihnen sicher ist. Wer also unbeschwert den Blick auf die gegenüberliegenden Wilder-Kaiser-Wandabstürze von Roßkopf über Ellmauer Halt und Totenkirchl im Wilden Kaiser schweifen lässt, darf sich über ganz ungenierte »Annäherungsversuche« nicht wundern. Ob die dreisten Vögel auch um die Köpfe der Kletterer in der Totenkirchl-Nordwand schwirren? Mit dem Fernglas lassen sich etwaige Seilschaften im Wilden Kaiser beobachten. Großartig ist im Übrigen auch der Blick über den Wilden Kaiser hinaus in Richtung Kitzbüheler Alpen, Hohe Tauern und Zillertaler Alpen.

Die meisten Wanderer steigen über den Normalweg durch das Kaisertal zum Gipfel auf. Dementsprechend viel ist hier oft los und deswegen haben sich die Tiere auch so gut an die Menschen gewöhnt. Vom Stripsenjochhaus führt ebenfalls ein Steig zur Pyramidenspitze. Diese wird übrigens von einem Aussichtspunkt weiter südlich noch um fünf Meter überboten. Mit einem Abstecher dorthin kann man sogar die 2000-Meter-Grenze knacken.

HÜTTENPORTRÄT

HÖHE
1388 m

ERBAUT
1901 (DAV-Sektion Oberland)

BEWIRTSCHAFTET
Ganzjährig

KULINARISCHER TIPP
Zillertaler Zergln (Kartoffelrösti aus Krautkas und Topfen); auf Wunsch Wildgerichte, Bergkäse

HÜTTENWIRTE
Bonnie und Kurt Mirlach

TELEFON
0043/5372/6 34 82,
Mobil 0043/676/344 97 30

BETTEN
33

LAGER
60

MATERIALBESCHAFFUNG
Materialseilbahn von Kufstein bis Pfandl; 7 Kilometer Wirtschaftsweg mit dem Jeep bis zur Hütte

KAISERDURCHQUERUNG

Wer das Kaisergebirge in vier bis fünf Tagen durchqueren will, steigt am ersten Tag zur Vorderkaiserfeldenhütte auf und übernachtet dort. Weiter geht es über die Pyramidenspitze zum Stripsenjochhaus. Am dritten Tag gelangt man durch die Steinerne Rinne zur Gruttenhütte; wer am Folgetag die Ellmauer Halt im Visier hat, nächtigt dort zweimal. Die letzte Etappe führt zum Hintersteiner See und von dort mit dem Bus zurück nach Kufstein.

Genussreicher Gratweg zur Vorderkaiserfeldenhütte Nach ausgiebiger Brotzeit wartet der Abstieg über die fünf Gipfel Elferkogel (1916 m), Zwölferkogel (1912 m), Einserkogel (1924 m), Peterskögpfl (1745 m) und Naunspitze (1633 m) zur Vorderkaiserfeldenhütte, wobei die Gipfelsammler bei einigen dieser Berge allerdings schon noch ein paar Zusatzmeter aufsteigen müssen. Da der Steig stets auf oder in der Nähe des langen Grates verläuft, sind kleinere Gegenanstiege ohnehin nicht zu vermeiden. Dabei ergeben sich immer wieder eindrucksvolle Tiefblicke in die nördlichen Wandabstürze des Zahmen Kaisers. Hinter dem Petersköpfl beginnt schließlich der Schlussabstieg über steile Latschenfelder. Alternativ steigt man noch vor dem Zwölferkopf in ein steiles Latschenkar ab und wandert von der Hinterkaiserfeldenalm fast eben zur Vorderkaiserfeldenhütte.

Abenteuer am Ende Um unsere Rundtour abzuschließen, folgt man zunächst dem Fahrweg ein Stück abwärts und dann rechts dem Steig in Richtung Buchberg. Dabei quert die Route an manchen Stellen abenteuerlich unterhalb von Steilwänden. An der Ebbser Jagdhütte hält man sich rechts auf dem Fahrweg, überwindet einen weiteren Gegenanstieg und gelangt schließlich über das Berggasthaus Köllenberg zum Ausgangsort zurück (Wegweiser beachten).

Der Anstieg ist der Sonne ausgesetzt; im Hochsommer bietet sich früher Aufbruch an.

Schöne Aussicht in das Inntal Bevor die Zeit zum Abstieg drängt, genießen wir noch die einzigartige Stimmung auf der Hüttenterrasse. Die Vorderkaiserfeldenhütte ist an schönen Bergtagen meist gut besucht. Nachdem der direkte Anstieg von Kufstein auf bequem breiten Wegen zurückgelegt wird, schaffen es auch Familien und weniger trittsichere Wanderer bis hier hinauf. Nach der ersten Steilstufe gleich zu Beginn wird das Kaisertal deutlich flacher. Man wandert auf dem Fahrweg gemütlich talein, bis man noch vor dem Pfandlhof links abzweigt und auf nach wie vor gutem Weg steiler in Richtung Zahmer Kaiser emporsteigt. Auf Höhe der Rietzaualm stößt man wieder auf den Fahrweg und bewältigt die letzten Höhenmeter bis zur Hütte.
Hauptattraktion auf der Hütte ist der kaiserliche Blick in das Inntal. Das breite Tal öffnet sich nach Südwesten, sodass man von der Terrasse, sofern das Wetter mitspielt, eine wunderschöne Abendstimmung genießt. Wenn sich die Sonne neigt, schimmern die Wände des Wilden Kaisers in gelben, orangefarbenen und roten Farbtönen. Wer sich bis zur Dämmerung nicht sattsehen kann, kann sich gleich in der Hütte für eine Übernachtung einquartieren.

Aufwändiger Jeeptransfer Das Hüttenwirtepaar Mirlach hat die Hütte erst seit Sommer 2003 gepachtet und sich seitdem rasch eingelebt. Sie bewirtschaften das Haus das ganze Jahr über und locken somit auch Wintergäste. Als größeres Problem erweist sich jedoch die Versorgung.

Denn so weit und großzügig sich das Tal im mittleren und oberen Abschnitt zeigt, so eng ist es im Ein- und Ausgangsbereich. Die erste Steilstufe kann mit dem Fahrzeug nicht zurückgelegt werden. Dort befindet sich die so genannte Sparchenstiege, über die ein breiter Weg führt. Der Hüttenjeep muss also von Kufstein erst aufwändig mit einer Seilwinde über diese Stiege nach oben katapultiert werden, bevor er als Transportmittel fungieren kann. Ein solcher Vorgang dauert unter Einsatz von zehn bis fünfzehn Arbeitern drei bis vier Stunden.

Die Pyramidenspitze ist das gängige Wanderziel von der Vorderkaiserfeldenhütte. Vom Gipfel genießt man die herrliche Aussicht auf den Wilden Kaiser und das Inntal.

12 GRUTTENHÜTTE

Klettern am Wilden Kaiser

mittel 850 m 3 Std.

ANFAHRT

Mit der Bahn stündlich von München über Rosenheim nach Kufstein, von dort weiter mit dem Bus nach Scheffau, Ellmau oder zum Stanglwirt. Mit dem Auto fährt man auf der A 93 vom Inntal-Dreieck nach Kufstein und weiter auf der B 173 über Söll nach Ellmau. Der kürzeste Anstieg ist vom Parkplatz der Wochenbrunner Alm, der über eine gebührenpflichtige Mautstraße von Ellmau aus zu erreichen ist.

AUSGANGSPUNKTE

Scheffau, Ellmau, Going oder Stanglwirt

HÜTTENANSTIEG

Von Scheffau über Riedlhütte (3 Std.); von Ellmau über Wochenbrunner Alm (3 Std.); vom Parkplatz Wochenbrunner Alm (direkt 1½ Std., über Gaudeamushütte und Klamml 2 Std.); von Going oder Stanglwirt über Gaudeamushütte und Klamml (3½ Std.).

GIPFELZIELE

Ellmauer Halt (2344 m, 2½ Std.); Hintere Goinger Halt (2192 m, 2½ Std.); Hintere Karlspitze (2281 m, 3 Std.); Treffauer (2305 m, 3½ Std.); Tuxegg (2226 m, 3½ Std.); Vordere Karlspitze (2260 m, 3 Std.). Aufgrund der Schwierigkeitsgrade unbedingt die Hinweise im Text beachten.

KARTE

Kompass Wanderkarte Nr. 9, Kaisergebirge, 1:50.000

INFORMATION

Tourismusverband Kufstein,
Unterer Stadtplatz 8, A-6330 Kufstein,
Tel: 0043/5372/62207,
Fax: 0043/5372 / 61455,
E-Mail: kufstein@netway.at,
Internet: www.kufstein.at

Die steil aufragenden Felswände des Wilden Kaisers bilden eine grandiose Gebirgskulisse oberhalb der Gruttenhütte. Während die einen sofort zum Klettern aufbrechen, genießen die anderen den schönen Blick von der sonnenbeschienenen Terrasse hinunter ins Söll-Landl.

Die beiden Gebirgszüge des Kaisergebirges, der Zahme und der Wilde Kaiser, können unterschiedlicher nicht sein. Wie der Name schon vermuten lässt, sind die Berge des Zahmen Kaisers eher flach und rund geformt, was die Wanderer vor keine allzu großen Probleme stellt. Ganz im Gegensatz dazu sind die Gipfel des Wilden Kaisers extrem felsig und damit stellenweise sehr schwer zu bezwingen. Die Ursache dafür liegt in den unterschiedlichen Gesteinsarten der beiden Gebirgszüge. Während das weichere Gestein des Zahmen Kaisers durch die Erosion abgerundet worden ist, konnten Wind und Wetter dem harten Fels des Wilden Kaisers nichts anhaben.

Wilde Felsen statt bunt blühender Wiesen Die Sage führt die Entstehung des Kaisergebirges auf eine Gruppe von Sennern zurück, die auf den fruchtbaren Almen ein üppiges und gottloses Leben geführt haben sollen. Als Strafe dafür habe ein schreckliches Gewitter das Almgebiet samt seinen Sennern hinweggeschwemmt. Anstatt der blühenden Wiesen und Weiden habe man danach nur noch wilde Felsen vorgefunden.

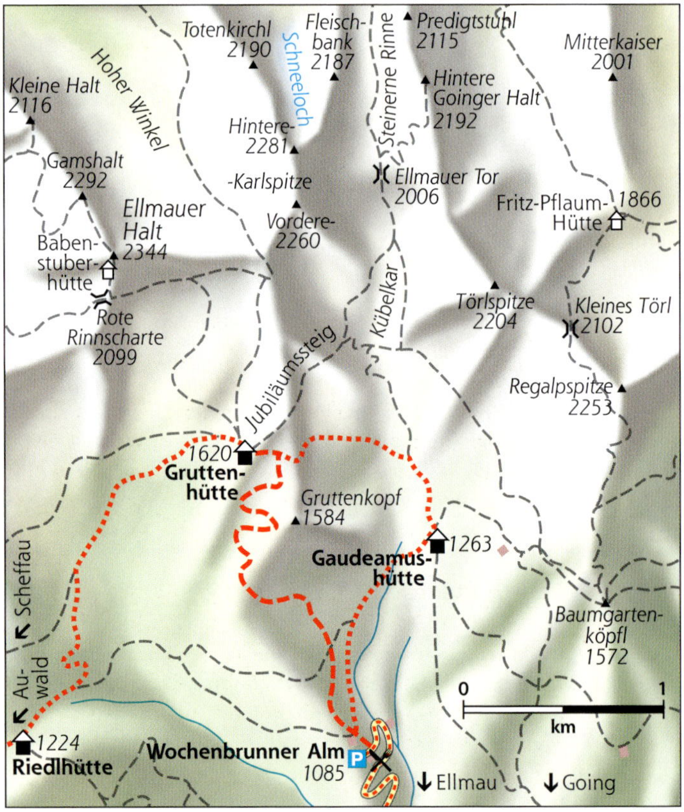

HÜTTENPORTRÄT

HÖHE
1620 m

ERBAUT
1900, 1961–64 erweitert und renoviert (DAV-Sektion Turner-Alpenkränzchen)

BEWIRTSCHAFTET
Täglich von Pfingsten bis Mitte Oktober

KULINARISCHER TIPP
Schweinsbraten

HÜTTENWIRT
Ernst Erhart

TELEFON
0043/5358/2242

BETTEN
48

LAGER
105

MATERIALBESCHAFFUNG
Über Güterweg aus Auwald

BESONDERHEIT
Ideales Klettergebiet

Der Name des Kaisergebirges Zwischen Treffauer und Ellmauer Halt steht der »Kaiserkopf«. Auch über das Wahrzeichen des Kaisergebirges gibt es eine Sage, die mit Kaiser Karl dem Großen zu tun hat. Mit etwas Fantasie kann man tatsächlich in der Felsformation ein Haupt erkennen, etwas abgerutscht die Krone in Form der Ellmauer Halt. Weiter erkennt man die auf der Brust gefalteten Hände, und die weißen Schneeflächen stellen den Hermelinmantel dar. Daneben stehen die drei Riesen des Scheffauer und halten Wache.

Von Ellmau zur Gruttenhütte Insbesondere die Kletterer möchten natürlich möglichst schnell in den Fels und wählen deshalb den Anstieg von der Wochenbrunner Alm. Man erreicht sie über eine gebührenpflichtige Mautstraße, die von Ellmau direkt auf das Kaisergebirge zuführt. Vom Parkplatz ist man dann in etwa eineinhalb Stunden auf der Hütte. Der Anstieg führt zunächst relativ steil durch den Wald, etwa nach zwei Drittel der Strecke bekommt man zum ersten Mal einen freien Blick auf die höher gelegenen Felswände und die gegenüberliegenden Berge. Der Steig führt

Oberhalb der Waldgrenze ist es an schönen Tagen angenehm sonnig.

Aufstieg zur Hütte

***Rechte Seite:* Atemberaubend steil stehen die Felswände des Kaisergebirges oberhalb der Gruttenhütte.**

KLETTERN AM WILDEN KAISER

Für Anfänger wird bei der Gruttenhütte und am Stripsenjochhaus eine umfassende Ausbildung in Praxis und Theorie vermittelt. Dazu zählen Klettertechniken, Knotenkunde, Anseilarten, Standplatzbereitung, praxisnahe Wetterkunde, Bergrettung, Tourenplanung, Orientierung, Umgang mit Karte und Kletterführer, Erste Hilfe, alpine Gefahren und Ausrüstungskunde. Darüber hinaus werden für Erfahrene schöne Klettertouren durchgeführt. Termine und weitere Informationen bei Alpinschule am Wilden Kaiser, Tel.: 0043/5358/3062 oder Internet: www.alpinistik.com

nun bis zur Gruttenhütte überwiegend durch felsiges Gelände, stellt aber keine Schwierigkeit für geübte Wanderer dar.

Über die Gaudeamushütte und die Klamml Einen Vorgeschmack auf die felsigen Passagen oberhalb der Hütte kann man bei einem kleinen Umweg über die Gaudeamushütte bekommen. Dazu zweigt man bereits kurz hinter dem Parkplatz von der Wochenbrunner Alm rechts ab und wandert über die Almwiesen zur im Sommer bewirtschafteten Gaudeamushütte.

Von dort geht man zunächst in Richtung Ellmauer Tor und nimmt dann nach etwa einer Viertelstunde Gehzeit einen Steig (Weg Nr. 813), der zunächst leicht, später dann immer steiler in einer Rinne hinaufführt. An ihrem Abschluss wartet ein kaminartiger Durchschlupf, die so genannte Klamml. Hier sind Trittsicherheit und Schwindelfreiheit erforderlich. Zur Sicherheit sind an dieser Stelle einige Eisenbügel im Fels verankert. Oberhalb der Klamml kommt man dann auf den ursprünglichen Steig von der Wochenbrunner Alm und erreicht etwa 20 Minuten später die schon von weitem sichtbare Gruttenhütte.

Herrlicher Ausblick von der Hütte Von der sonnenbeschienenen Terrasse hat man einen sehr schönen Blick hinunter nach Ellmau in das so genannte Söll-Landl. In die andere Richtung blickt man auf die Felsspitzen von Tuxegg und Treffauer. Mit dem Fernglas kann man die eine oder andere Klettergruppe gut erkennen.

Die Vegetation um die Hütte zählt zu den schönsten in der ganzen Alpenregion. Wer die Augen offen hält, findet Enzian, Almrausch, Frauenschuh, Feuerlilie oder Türkenbund. Im Frühjahr kann man die seltene Zwergalpenrose sehen. Sehr stimmungsvoll ist die Sonnwendfeier, wenn die Mitglieder der Bergwacht auf allen umliegenden Gipfeln ein großes Feuer entzünden.

Auf die umliegenden Gipfel Die Wahl der Gipfelziele hängt sehr stark vom Können des Einzelnen ab. Die einzige Tour, bei der gute Trittsicherheit ausreicht, ist das Tuxegg, wenn man vom letzten kurzen Stück auf den Gipfel absieht, das nur durch Klettern überwunden werden kann. Im Zweifelsfall gibt einem der Hüttenwirt entsprechenden Rat. Nur mit absoluter Trittsicherheit, alpiner Erfahrung und hundertprozentiger Schwindelfreiheit sind Ellmauer Halt, Hintere Goinger Spitze, Hintere Karlspitze oder Treffauer zu begehen. Die Steige sind zwar meist mit Stahlseilen, Leitern oder Eisenstäben gesichert, dennoch ist der Einsatz von Brust- und Hüftgurt sowie zwei daran geknüpften etwa 1 ½ Meter langen Seilen empfohlen. Mit den an den beiden Seilenden befestigten Karabinerhaken kann man sich dann am Stahlseil oder der Leitersprosse einhängen. Wer sich nicht ganz sicher fühlt, kann auch eine geführte Tour bei einem Bergführer buchen. Ziele wie Kopftörlgrat oder die Vordere Karlspitze hingegen sind nur mit entsprechender Klettererfahrung und Ausrüstung zu erreichen.

Von Hütte zu Hütte unterwegs Ausgehend von der Gruttenhütte kann man noch weitere Hütten im Wilden Kaiser erreichen, darunter Stripsenjochhaus (1577 m, 3 ½ Std.), Anton-Karg-Haus (829 m, 3 ½ Std.), Babenstuber Hütte (Biwak, 2341 m, 2 ½ Std.) oder die Kaindlhütte (1318 m, 6 Std.).

13 BRÜNNSTEINHAUS

Hüttenanstieg aus allen Richtungen

leicht 400 m 3–4 Std.

ANFAHRT

Mit dem Auto auf der Salzburger Autobahn (A 8) bis zur Ausfahrt Weyarn, dann auf der B 307 über Miesbach und Schliersee nach Bayrischzell. Hier entweder weiter Richtung Ursprungpass oder auf der Sudelfeldstraße über den Pass bis zur Abzweigung Mittleres Sudelfeld/Grafenherberg und bis zum Wanderparkplatz an der Rosengasse. Wer von Buchau oder Mühlau aufsteigt, nimmt am besten die Inntalautobahn Ausfahrt Oberaudorf; ca. 2 km nördlich vom Ort zweigt nach links eine kleine Straße nach Buchau ab, Mühlau hingegen wird auf der kleinen Straße südlich von Oberaudorf erreicht.

AUSGANGSPUNKTE

Rosengasse am Sudelfeld, Buchau bzw. Mühlau über dem Inntal, Nesseltal am Ursprungpass

HÜTTENANSTIEG

Von der Rosengasse auf Weg 651 (2 1/2 Std.); von Buchau durch das Brünntal (1 3/4 Std.); von Mühlau über Rechenau auf Weg 49 (2 Std.); vom Ursprungtal durch das Nesseltal über Gießenbachhütte oder Steilenalm (3 1/2 Std.).

GIPFELZIELE

Brünnstein (1619 m, 3/4 Std.), Kleiner Traithen (1722 m, 2 Std.), Großer Traithen (1852 m, 2 1/4 Std.), Trainsjoch (1708 m, 3 Std.).

KARTE

Kompass Wanderkarte Nr. 8, Tegernsee – Schliersee – Wendelstein, 1:50.000

Wer die Leitern am Dr.-Julius-Mayr-Weg aufrecht abwärts schreitet, ist frei von Schwindelgefühlen.

Das Brünnsteinhaus ist im Bergdreieck Trainsjoch, Großer Traithen und Brünnstein die einzige Übernachtungshütte. Sie liegt privilegiert unter der Südwand des Brünnsteins und somit auf der Sonnenseite des Berges. Während die benachbarten Gipfel im Frühjahr noch schneebedeckt sind, ist der reizvolle Dr.-Julius-Mayr-Steig zum Brünnstein aufgrund von Sonneneinstrahlung und Steilheit bereits lange ausgeapert. Ab Mitte März schließt die Hüttenwirtin Petra Rotter ihre Hütte allerdings für sechs Wochen bis Ende April zu. Abgesehen davon bleibt, nachdem viele Wege zum Brünnsteinhaus führen, die Qual der Wahl für den Aufstieg.

Vier Anstiege plus Varianten Schwer zu sagen, welche der Aufstiegsvarianten nun am ehesten zu empfehlen ist. Wer es eilig hat, gelangt vom Inntal am schnellsten an sein Ziel. Zwei Aufstiege bieten sich aus östlicher Richtung an: Von Buchau geht es zum Teil gnadenlos steil durch das waldige Brünntal empor; wir schwitzten hier im Hitzesommer 2003 Blut und Wasser. Die Trockenheit war zu dieser Zeit so groß, dass es auf dem Brünnsteinhaus kein Trinkwasser gab. Doch kühle Getränke schmeckten im schattigen kleinen Biergarten trotzdem. Vorteil dieser Variante: Wenn man über Großalm und Längaualm absteigt, kehrt man auf abwechslungsreicher Rundtour zum Ausgangsort zurück. Nur unwesentlich länger dauert der zweite Anstieg von Mühlau, doch wird dieser etwas langweilig auf Fahr- und Forstwegen zurückgelegt.
Der dritte, landschaftlich vielleicht reizvollste Anstieg beginnt in der Rosengasse und führt durch schattigen Wald hinauf in das großzügige Almgelände zwischen Traithen und Brünnstein. Die letzten Kilometer werden in östlicher Richtung ohne nennenswerten Höhenunterschied zurückgelegt. Wer diesen Zugang wählt, kann nach dem Aufstieg über den Dr.-Julius-Mayr-Steig den Brünnstein quasi überschreiten, indem er in westlicher Richtung zur Himmelmoosalm absteigt. Von hier bieten sich einige Varianten für die Rückkehr zum Auto an, sportlich Ambitionierte können sogar den Gipfel des Großen Traithen noch mitnehmen.

Die Biker kommen vom Nesseltal Mit rund 11 Kilometer Strecke ist der Anmarsch vom Ursprungtal mit Abstand der längste. Diese Route (der vierte Anstieg) ist bei den Bikern beliebt, obwohl das Gefährt unterhalb der Wirtsalm geschultert werden muss. Die Biker, die das Brünnsteinhaus in ihre Tagesetappe mit einbeziehen, bereiten der Hüttenwirtin Petra Rotter zuweilen ein wenig Kopfzerbrechen. Natürlich sind auch sie willkommene Gäste, doch viele lassen sich vom Moser Bike-Führer zu tollkühnen Fahrten inspirieren. Obwohl dort die Auffahrt zum Brünnsteinhaus als sehr schwer beschrieben wird, überschätzen viele immer wieder ihre eigenen Möglichkeiten. Zur Abschreckung erzählt Petra von einem tragischen Fall: Ein einheimischer Biker wandte sich nach der Hütteneinkehr per Handy an seine Freundin, um die abendliche Heimkehr anzukündigen; fatalerweise stürzte er jedoch bei der Abfahrt zu Tode.

Lob von Moser Der Moser-Führer zählt die Gegend zwischen Brünnstein, Traithen und Trainsjoch übrigens zu den schönsten Landschaften des bayerischen Alpenraumes. Ein dickes Lob bekommt auch das Brünn-

Der enge Felsspalt ist der landschaftliche Höhepunkt beim Aufstieg vom Brünnsteinhaus zum Gipfel.

HÜTTENPORTRÄT

HÖHE
1342 m

ERBAUT
1894 (DAV-Sektion Rosenheim)

BEWIRTSCHAFTET
Ganzjährig, außer Mitte März bis Ende April; Anfang November bis 26. Dezember nur Sa/So geöffnet

KULINARISCHER TIPP
Kartoffeln mit Quark, Kuchen

HÜTTENWIRTIN
Petra Rotter

TELEFON
08033/1431

BETTEN
14

LAGER
40

MATERIALBESCHAFFUNG
Auf Fahrweg; die Hüttenwirtin muss sich die Lebensmittel selbst aus dem Tal beschaffen.

steinhaus ab: »Das Brünnsteinhaus ist durch seine vorgelagerte, unter Bäumen versteckte Terrasse ein schönes Rastplätzchen mit tollen Ausblicken zum Kaisergebirge. Für eine Steigerung dieses Panoramas empfiehlt sich der kurze Aufstieg zum Brünnsteingipfel mit der kleinen Kapelle ... Das Bike bleibt selbstverständlich auf der Hütte zurück!«

Durch einen Felsspalt zum Gipfel Das Problem ist nur, dass extreme Biker vor lauter Sportsgeist gar keinen Blick für die schöne Landschaft haben. Der Tipp, den Brünnstein über den Dr.-Julius-Mayr-Weg zu besteigen, kann jedoch bedenkenlos an alle Wanderer weitergegeben werden. Der

EIN BAD IM AUERBACH

Nördlich vom Brünnstein fließt, eingebettet in einer tiefen Schlucht, der Auerbach. Wer also die Wanderung mit einem kühlenden Bad verbinden will, steigt vom Ausgangsort Buchau etwa 100 Höhenmeter in die Bachschlucht ab und findet flussaufwärts oder flussabwärts der Brücke erholsame Nischen. Im Hochsommer nutzen einige jüngere oder junggebliebene Menschen die romantischen Plätzchen gar für eine Nacht unter freiem Himmel.

Die letzten Meter zum Gipfel des Brünnstein führen über einfachen Fels. Im Hintergrund ist der Wendelstein erkennbar.

(Kletter-)Steig beginnt unmittelbar an der Hütte und führt rasch in felsiges Terrain. Über Trittstufen und eine Eisentreppe erreicht man den landschaftlichen Höhepunkt der Route, einen engen Felsspalt. Durch diesen gelangt man zu weiteren Eisentreppen und bald darauf zu einem luftigen, breiten Band, von dem sich beeindruckende Tiefblicke ergeben. Schließlich geht es durch eine Schuttrinne und eine weitere Felsstufe zum Brünnsteingipfel mit Kapelle und Kreuz. Vorsicht ist beim Aufstieg vor allem wegen Steinschlag geboten, den allzu Unvorsichtige leider immer wieder auslösen. Oben angekommen am langgezogenen Gipfelgrat findet jeder seinen Rastplatz.

14 ROTWANDHAUS

Vorzeigehütte an Münchens Parade-Hausberg

leicht 650 m 3:30–4 Std.

ANFAHRT

Mit der Bayerischen Oberlandbahn (BOB) von München zum Bahnhof Schliersee, weiter mit dem RVO-Bus zum Spitzingsee (direkter Anschluss) oder mit der Bahn nach Bayrischzell und mit dem Bus zum Halt »Sillberghaus«. Autofahrer nehmen die Strecke über Schliersee und zweigen nach Fischbachau zum Spitzingsee ab (großer Wanderparkplatz) oder fahren über Bayrischzell ins Ursprungtal (Parkplatz »Beim Schweren Gatter«).

AUSGANGSPUNKTE

Spitzingsee, Ursprungtal

HÜTTENANSTIEG

Von der Bergstation der Taubensteinbahn (1 ¼ Std.); vom Wanderparkplatz Spitzingsee (2 ½ Std.); vom Ursprungtal (3 ¾ Std.)

GIPFELZIELE

Rotwand (1884 m, ¼ Std.), Auerspitz (1811 m, ½ Std), Hochmiesing (1883 m, 1 Std.), Taubenstein (1692 m, 1 ¼ Std.), Aiplspitz (1758 m, 2 ½ Std.)

KARTE

Kompass Wanderkarte Nr. 8, Tegernsee – Schliersee – Wendelstein, 1:50.000

INFORMATION

Verkehrsamt Fischbachau, Kirchplatz 10, 83730 Fischbachau, Tel.: 08028/876, Fax: 08028/2040, Internet: www.fischbachau.de

Das stattliche, auf einem Geländevorsprung platzierte Rotwandhaus ist in der baumfreien Zone bereits von Weitem zu sehen.

Die Rotwand zählt zu den beliebtesten Münchner Hausbergen, und das zu jeder Jahreszeit. An sonnigen Wochenenden ziehen wahre Pilgerströme vom Spitzingsee zum Rotwandhaus und zum knapp darüber liegenden Gipfel. Die überwiegend einfach zu begehenden Wanderwege sind vor allem für Familien wie geschaffen. Unterwegs kommt beim Anblick der harmonischen Bergwelt garantiert keine Langeweile auf. Und auf dem Rotwandhaus finden die Kinder einen Spielplatz vor und im Hütteninneren diverse Spiele; selbst Kinderessen werden angeboten. Wer sich also am Rummel nicht stört, ist an der Rotwand bestens aufgehoben.

Abenteuer im Schneesturm Dass das Wandergebiet an der Rotwand nicht unterschätzt werden darf, zeigte vor einigen Jahren der Betriebsausflug eines Fachverlags für Sportzeitungen. Der Verfasser dieser Zeilen stellte während der Querung von der Taubenstein-Bergstation zum Rotwandhaus bei einem Zählappell fest, dass eine Person abhanden gekommen war: die Buchhalterin. Es war ein grauer Novembertag und dicke Schneeflocken erschwerten die Sicht. Schließlich machte er sich auf den Rückweg und fand die verzweifelt nach ihrer Gruppe Ausschau Haltende in der Nähe der Bergstation. Man hatte sie vergessen, als sie kurz vor Aufbruch noch schnell die Toilette aufgesucht hatte. Es bedurfte einer gewissen Überredungskunst, um sie doch noch zum Mitgehen zu bewegen. Obwohl dieser Übergang technisch keine hohen Ansprüche stellt und die Spuren der Gruppe noch nicht verweht waren, bekam es die Buchhalterin mit der Angst zu tun. Vor lauter Panik, auszugleiten, krallte sie sich im Schneesturm mehrmals an ihrem Begleiter fest. Schließlich erreichten die beiden nach gutem Zureden unversehrt, aber leicht abgekämpft und eisverkrustet das Rotwandhaus, in dessen gemütlich warmer Stube der Rest der Gruppe in bester Glühweinlaune ein paar gemeine Witze riss.

Vorsicht bei Wettersturz Dieser Vorfall zeigt, dass selbst vermeintlich leichte Touren bei schwierigen Verhältnissen für Ungeübte rasch zur Tortur werden können. Wie überall, wo Seilbahnen täglich Hunderte von Passagieren in die Höhe katapultieren, mischt sich ein gehöriger Anteil an unerfahrenen Stadtmenschen unter das bewährte Bergvolk. Dabei stellt sich bei Sonne und klarer Sicht bei den meisten ein trügerisches Gefühl der Sicherheit ein. Schlägt indes das Wetter rasch um, kommen viele mit den schroffen Launen des Hochgebirges nicht mehr zurecht. Ernsthaft in Bergnot gerät in dieser Wanderregion dennoch kaum jemand, dafür sind die Wege dann doch zu kurz.

Rotwandhaus mit Vorbildcharakter Das Rotwandhaus dient für viele Wanderer als willkommener Stützpunkt. Es hat sich halt herumgesprochen, dass das Haus eine hervorragende Küche bietet. Lamm- und Rinderfleisch für das Gulasch stammen aus der eigenen Landwirtschaft, in der artgerechte Haltung selbstverständlich ist; und der Bergkäse für die Kasspatzn wird von der benachbarten Niederhoferalm geliefert. Wir probierten, vom leckeren Käsekuchen abgesehen, nur deshalb nicht von der schmackhaften Kost, weil unsere Begleiterin – ebenso eine Kochexpertin – eigens früher aufgestanden war, um uns eine köstliche Kürbiscremesuppe

HÜTTENPORTRÄT

HÖHE
1737 m

ERBAUT
1907 (DAV-Sektion Turner-Alpenkränzchen München)

BEWIRTSCHAFTET
Von Januar bis Ende Oktober

KULINARISCHER TIPP
Lamm- und Rindergulasch, Kasspatzn, Linseneintopf, Bergkäse, Käsekuchen

HÜTTENWIRT
Peter Weihrer

TELEFON
08026/7683

BETTEN
20

LAGER
105

MATERIALBESCHAFFUNG
Mit dem »Unitrac« auf dem Fahrweg

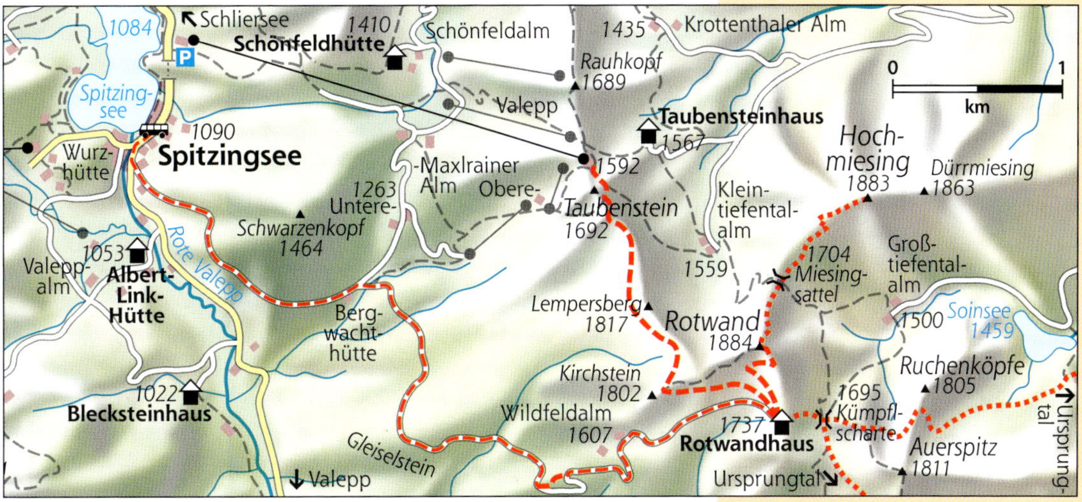

Die Ruchenköpfe sind das mit Abstand alpinste Ziel in der Umgebung des Rotwandhauses.

Diese Wanderin zieht es jedoch vor, die Ruchenköpfe rechts liegen zu lassen und sich zur Rotwand aufzumachen.

in eine Thermoskanne abzufüllen und später auf Oktoberschnee zu kredenzen.

Wind und Sonne liefern Energie Anerkennung verdient das Rotwandhaus auch für sein umweltbewusstes Denken, weshalb es sich heute mit dem Umweltgütesiegel des Deutschen Alpenvereins schmücken darf. Lange bevor sich andere Alpenvereinshütten das Thema Umwelt auf die Fahnen schrieben, hatte das Rotwandhaus bereits eine Solaranlage auf dem Dach installiert. Es folgte die Windradanlage neben der Hütte, deren erzeugte Energie zusammen mit der Sonnenenergie auf 85-Kilowatt-Batterien gespeichert wird. Relativ neu ist die biologische Kläranlage. Folgerichtig werden all jene, die die Toilette benutzen, ohne in der Hütte einzukehren, mit einem Umweltbeitrag von 50 Cent zur Kasse gebeten. Der Pächter Peter Weihrer prägt den umweltfreundlichen Stil auf der Hütte seit nunmehr 17 Jahren.

Blick zum Gipfelpanorama Obwohl sich die umliegenden Gipfel allesamt auch bequem als Tages-

Im Oktober kann es schon einmal vorkommen, dass die Wege an der Rotwand mit Schnee eingezuckert sind.

tour eignen, zählt das Rotwandhaus im Jahr zwischen 3000 und 4000 Übernachtungen. Die extravagante sonnenreiche Lage auf einem Geländeabsatz trägt sicher zur großen Popularität bei. Und auch das Gipfelpanorama ist nicht zu verachten: Hinter benachbarten Gipfeln wie Schinder, Hinteres Sonnwendjoch und Trainsjoch tauchen im Süden die Gletscherberge der Zillertaler Alpen und der Hohen Tauern auf. Im Westen sind die Schlierseer und Tegernseer Berge zum Greifen nah, dahinter lassen sich die Gipfel von Rofan- und Karwendelgebirge bestimmen. Im Osten sind die Ruchenköpfe an der markanten Felswand zu erkennen. Sie zu erklimmen erfordert Klettererfahrung im zweiten Schwierigkeitsgrad.

Alternativer Abstieg Einfacher zu besteigen sind neben der nahen Rotwand Hochmiesing, Taubenstein und Aiplspitz im Norden. Wer auf dem Rotwandhaus übernachtet, kann für den kommenden Tag sogar alle drei Gipfel ins Visier nehmen. Wer hingegen den klassischen Normalweg vom Spitzingsee gewählt hat und nur einen Tag Zeit hat, kann nach der Rotwand-Besteigung knapp unterhalb des Westgrates queren und in einen kleinen Sattel absteigen sowie anschließend auf dem weniger bekannten Steig über die Wallenburgalmen zum Ausgangsort zurückkehren. Zu beachten ist dabei nur, dass die RVO-Busse ihren Betrieb am frühen Abend einstellen.

15 SCHÖNFELDHÜTTE

Augenmerk auf gutes Essen

leicht/mittel 300 m 1:45 Std.

ANFAHRT

Mit der Bayerischen Oberlandbahn (BOB) von München zum Bahnhof Schliersee, weiter mit dem RVO-Bus zum Spitzingsattel (direkter Anschluss). Autofahrer nehmen die Strecke über Schliersee und zweigen nach Fischhausen-Neuhaus zum Spitzingsee ab (großer Wanderparkplatz).

AUSGANGSPUNKT

Spitzingsee

HÜTTENANSTIEG

Vom Spitzingsattel führt ein Steig direkt zur Hütte (W 23, 1 Std.). Etwas länger ist der Weg von der Wurzhütte am Spitzingsee über Maxlraineralm und Berggasthaus Igler (1 1/2 Std.). Wer mit der Taubensteinbahn hochfährt, kann bequem zur Hütte absteigen (20 Min.).

GIPFELZIELE

Aiplspitz (1759 m, 1 1/2 Std.), Jägerkamp (1746 m, 1 Std.), Taubenstein (1692 m, 1 Std.), Hochmiesing (1883 m, 2 Std.), Rotwand (1884 m, 2 Std.)

KARTE

Kompass Wanderkarte Nr. 8, Tegernsee – Schliersee – Wendelstein, 1:50.000

INFORMATION

Verkehrsamt Fischbachau, Kirchplatz 10, 83730 Fiachbachau, Tel.: 08028/876, Fax: 08028/2040, Internet: www.fischbachau.de

Schönes Abendlicht mit Bodenschneid und Wallberg im Blickfeld. Der Spitzingsee ist noch verdeckt.

Im Herbst 2003 belagerten nicht Wanderer, sondern Raumausstatter die Schönfeldhütte. Die Innenräume komplett zu sanieren und Küche sowie Kachelofen zu erneuern, erforderte neben hohem Arbeitsaufwand auch

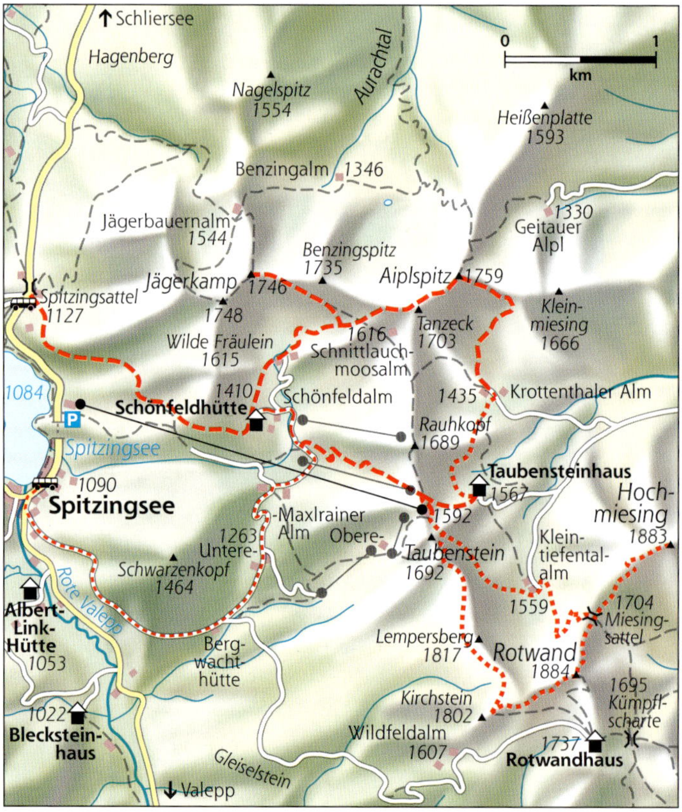

einen finanziellen Klimmzug. Dafür präsentiert sich die Hütte seit 2004 in neuem Glanz.

Schwäche für gutes Essen Die Hüttensanierung war der erste große Akt von Ute Werner und Uwe Gruber nach der Pachtübernahme am 28. August 2003. Dass eine reichhaltige Küche bei den Wanderern gut ankommt, hatten die gebürtigen Sachsen schon auf der Albert-Link-Hütte zwischen Spitzingsee und Valepp erkannt. Denn dort haben sie sich bereits als Hüttenchefs einen Namen gemacht und die Schönfeldhütte aufgrund ihrer positiven Erfahrungen gleich dazu gepachtet. In Zukunft wollen die ambitionierten Pächter das Motto »Da schmeckt's in den Bergen« auf beiden Hütten praktizieren. Während die Pächter in der Albert-Link-Hütte präsent sind, übernimmt auf der Schönfeldhütte Herr Schulz die Regie.
Die meisten Nahrungsmittel stammen aus der Region: das Wild direkt von einheimischen Jägern und der Biobergkäse vom Almsenner nebenan; ferner wird das Brot in einem kleinen Backhaus an der Albert-Link-Hütte täglich frisch gebacken und auf die Schönfeldhütte geliefert. Die Portionen sind sehr reichlich, sodass niemand die Hütte hungrig verlässt. Und für die Wanderbrotzeit kann man sich mit einer feinen Salami vom Wild eindecken.

Wechselhafte Geschichte Die Schönfeldhütte hat im wahrsten Sinne des Wortes eine bewegte Geschichte hinter sich: Kurz nach Ende des Zweiten Weltkrieges schob eine Lawine von den »Wilden Fräulein« die Hütte gleich um zwei Meter nach Süden. Man riss das beschädigte Bauwerk ab und errichtete an gleicher Stelle die heutige Hütte. Des größten Zuspruchs erfreute sich die Schönfeldhütte in den 1970er-Jahren mit bis zu 7000 Übernachtungen pro Jahr, bevor die Resonanz abrupt nachließ. Heute zeigt die Kurve steil nach oben, und wenn es nach den Hüttenpächtern geht, werden die Traumzahlen auch wieder erreicht.

Auf Holztafeln erfährt der Wanderer am Eingang der Schönfeldhütte Näheres über das kulinarische Angebot.

Familienfreundliches Wandergebiet Vielleicht klappt es mit Hilfe der Familien, denn das sanfte Almgelände rund um die Hütte ist in Kombination mit dem bequemen Zugang für Kinder wie geschaffen. Einzig der direkte Anstieg vom Spitzingsattel erfordert ein wenig Trittsicherheit, doch über Wurzeln und vereinzelt Felsen zu steigen, macht den Kindern ohnehin mehr Spaß als ewig lange auf einem Forstweg entlangzustapfen. Insofern sollte man den Anstieg vom Spitzingsee über die Schwarzenkopfhütte mit Kindern vielleicht doch besser meiden. Auf weit mehr Resonanz stößt da schon die Seilbahnvariante zum Taubenstein, von dem man bequem zur Schönfeldhütte absteigen kann. Und zu dem einen oder anderen Gipfel wie Jägerkamp, Aiplspitz oder Taubenstein lässt sich der Nachwuchs bestimmt auch überreden.

HÜTTENPORTRÄT

HÖHE
1410 m

ERBAUT
1949 (DAV-Sektion München)

BEWIRTSCHAFTET
Ganzjährig außer der dritten Aprilwoche und zweiten Novemberwoche

KULINARISCHER TIPP
Frisches Wild, Salami, Wild- und Bauernspeck vom Walchsee, frisches Bauernbrot, Biobergkäse

HÜTTENWIRT
Herr Schulz

TELEFON
Hütte: 08026/7496;
Buchungen: 08026/71264

BETTEN
16 (8 DZ)

LAGER
30

MATERIALBESCHAFFUNG
Auf Fahrweg mit Jeep; im Winter ist ab der Schwarzenkopfhütte eine Pistenraupe mit Anhänger im Einsatz.

16 BODENSCHNEIDHAUS

Schöne Lage inmitten weiter Almwiesen

leicht 580 m 3 Std.

ANFAHRT

Mit der Bayerischen Oberlandbahn (BOB) von München zum Bahnhof Fischhausen-Neuhaus; wer vom Spitzingsattel losgehen will, steigt in den RVO-Bus um (direkter Anschluss). Autofahrer nehmen die Strecke über Schliersee nach Fischhausen-Neuhaus (Parkmöglichkeit am Bahnhof oder am Eingang des Dürnbachtals) oder fahren hinter dem Ort rechts zum Spitzingsee hoch (großer Wanderparkplatz).

AUSGANGSPUNKT

Fischhausen-Neuhaus, Spitzingsee

HÜTTENANSTIEG

Vom Bahnhof Fischhausen-Neuhaus auf der Bodenschneidstraße in das Dürnbachtal, dort auf bezeichnetem Weg durch Wald und über Almwiesen zum Bodenschneidhaus ($1\frac{3}{4}$ Std.); vom Spitzingsattel über Obere Firstalm sowie Freudenreichsattel und Freudenreichalmen zur Hütte ($1\frac{3}{4}$ Std.)

GIPFELZIELE

Bodenschneid (1669 m, 1 Std.), Stümpfling (1506 m, 2 Std.), Brecherspitz (1683 m, 2 Std.), Baumgartenschneid (1444 m, 3 Std.), Gindelalmschneid (1335 m, 3 Std.)

KARTE

Kompass Wanderkarte Nr. 8, Tegernsee – Schliersee – Wendelstein, 1:50.000

INFORMATION

Gäste-Information Schliersee, Bahnhofstr. 11a, 83727 Schliersee, Tel.: 08026/60650, Fax: 08026/606520, Internet: www.schliersee.de

Beim Aufstieg zur Bodenschneid genießt man einen Rückblick zum Bodenschneidhaus und in das Dürnbachtal.

Im Jahr 2002 übernahm das Ehepaar Helga und Herbert Gerweck die Hüttenpacht. Nachdem das Landratsamt die betriebliche Zukunft des Bodenschneidhauses von einigen zu erfüllenden Auflagen abhängig gemacht hatte, mussten zuvor etliche Sanierungsarbeiten an der beliebten Hütte vorgenommen werden. In der Küche wurden die Holzmöbel durch Edelstahlmöbel ersetzt und eine Wasserentkeimungsanlage installiert. Für diese Anlage benötigte die Hütte einen permanenten Stromanschluss, der durch eine Fotovoltaik-Anlage sichergestellt wurde.
Für diese aufwändigen Renovierungsarbeiten opferten zahlreiche Sektionsmitglieder unentgeltlich viele Stunden ihrer Freizeit. Doch dank dieses Kraftakts kann die Familie Gerweck heute aus dem Vollen schöpfen. Während Herbert sich als gelernter Handwerker um die Wartungsarbeiten kümmert und kocht, hält Helga die Hütte sauber und meistert die organisatorischen Aufgaben. Und sie verbreitet unter den Hüttengästen gute Laune.

Die Zeitungs-Anekdote Wenn man die sympathische Helga so reden hört, kann man sich kaum vorstellen, dass ihr irgendjemand Schimpfwörter an den Kopf schleudern könnte. Nicht ohne Schmunzeln erzählt sie als kleine Anekdote, dass ihr Derartiges doch einmal widerfuhr: Sie bekam bei Schlechtwetter einen Anruf, ob die Hütte geöffnet sei. Dies konnte sie bejahen, und weil die Gelegenheit günstig schien, fragte sie den Anrufer, ob er so freundlich sein würde, ihr aus dem Tal die Tegernseer Tageszeitung mitzubringen. Mit der Dämmerung – als sie die Zeitung längst abgeschrieben hatte – betrat eine Familie die Hüttenstube, allen voran ein zorniger 6-Jähriger, der der verdutzten Hüttenwirtin sogleich ein »Du blöde Kuh« entgegenschleuderte. Es stellte sich heraus, dass der Vater seinen Sohn nur mit größter Mühe für den Restaufstieg zur Hütte hatte motivieren können; sein Hauptargument war dabei stets gewesen, dass er der Hüttenwirtin versprochen habe, die Zeitung abzuliefern. Jedenfalls ließ sich der aufgebrachte Bub selbst mit einer heißen Schokolade nicht besänftigen. Vielleicht hätten ihm die Hüttenhaustiere – Birkhähne, Auerhähne, Dachs, Marder, Fuchs und Wildhasen – eher Trost gespendet.

Alpines Gelände Für kleine Überraschungen ist auch das Gelände rund um das Bodenschneidhaus gut. Obwohl die Hütte von sanften Almböden umgeben ist, sind die umliegenden Wege alles andere als ein Spaziergang. Offensichtlich nehmen viele ungeübte Wanderer die bayerischen Vorberge auf die leichte Schulter. Die Probleme beginnen bereits beim Übergang über den Freudenreichsattel Richtung Spitzingsee: Die markierte Hauptroute quert unmittelbar unter den nordseitigen Steilflanken der Bodenschneid. Wegen reichlicher Wasservorkommen ist der schattige und abschüssige Steig sogar bei Schönwetter glitschig, was verbreitet zur Verunsicherung führt. Darum war Helga Gerweck der Hinweis wichtig, dass es anstelle dieses Übergangs die Variante über die Almböden der Freudenreichalmen gebe. Hierfür steigt man gleich hinter der Hütte auf Steigspuren links durch den Wald ab und vom Almhochplateau zum Freudenreichsattel empor. Sollte der Weg noch nicht markiert sein, geben die Hüttenleute vor Ort gerne genaue Auskunft.

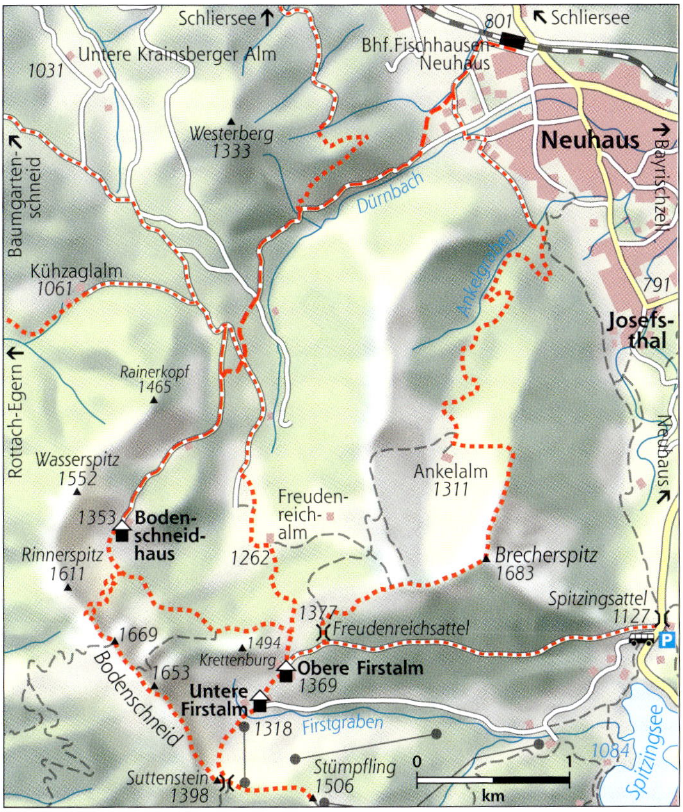

HÜTTENPORTRÄT

HÖHE
1353 m

ERBAUT
Anfang 20. Jh. (DAV-Sektion Bodenschneid)

BEWIRTSCHAFTET
Ganzjährig

KULINARISCHER TIPP
Gams- und Hasenbraten, Schweinsbraten mit Bärlauchknödel

HÜTTENWIRTE
Helga und Herbert Gerweck

TELEFON
08026/4692

BETTEN
16 (8 DZ)

LAGER
30

MATERIALBESCHAFFUNG
Auf Forstwegen von Schliersee

BESONDERHEIT
Eine Kuckucksuhr in der Hüttenstube

Aufstieg zur Bodenschneid Auch der Hüttenberg, die Bodenschneid, zeigt sich manchmal von seiner garstigen Seite. Der Anstieg zieht sich direkt über die steilen Nordhänge empor, die in den ersten Frostnächten jedoch rasch vereisen. Wir haben im Oktober 2003 Wanderer beobachtet,

Gleich wird diesem Genusswanderer einfallen, dass er am Gipfel etwas vergessen hat.

Rechte Seite: Als ob der Gipfel gekrönt werden müsste, ruht das imposante Kreuz auf einem Sockel. Ein Traumtag auf der Bodenschneid.

die wegen der vereisten Trasse abenteuerlich in das verschneite Gelände auswichen und somit von der Route abkamen; Anfang des Monats hatte es bereits über einen halben Meter Neuschnee gegeben. Auch wenn es komisch klingt, die Bodenschneid erfordert bei derlei Verhältnissen durchaus das Anlegen von Grödeln oder Steigeisen.

Rast am Gipfel Abgesehen von den kleinen Schwierigkeiten im Anstieg zeigt sich der Gipfel von seiner schönsten Seite. Nach Überwinden der letzten Felsstufe öffnen sich weite Blicke gen Süden auf Risserkogel, Schinder, Blauberge, Rofan und Karwendelgebirge, ja selbst die Eisgipfel der Stubaier und Zillertaler Alpen lugen südlich des Inntals vereinzelt hervor. Das majestätische Gipfelkreuz ist auf einem stattlichen Sockel befestigt und ragt auffällig in die Höhe. Auf der Südseite des Gipfelkamms breiten sich üppige Wiesen aus, auf denen sich bequem Brotzeit machen lässt. Wer anschließend im Gratbereich zu den Firstalmen absteigt, kann den Tag mit dem Weg über die Freudenreichalmen in das Dürnbachtal als schöne Rundtour abschließen.

Alternativ mit dem Bike Das Bodenschneidhaus ist nicht zuletzt bei den Bikern ein beliebtes Ziel. Ausgangsort ist dann meist jedoch nicht Fischhausen-Neuhaus, sondern Schliersee. Vom Ortsteil Krainsberg führt eine Forststraße westlich an den Erhebungen Brunstkogel und Westerberg vorbei zum so genannten Stachus, einem Wegkreuz mit Abzweigungen nach Fischhausen-Neuhaus und Kühzagl; Möglichkeiten für ausgedehnte Rundtouren Richtung Tegernsee oder Valepp sind also reichlich vorhanden. Das Bodenschneidhaus ist jedenfalls für Biker wie Wanderer gleichermaßen ein lohnender Zwischenstopp, auch wenn sich der Ausblick im Nordschatten der Bodenschneid in Grenzen hält.

BADEN IM SCHLIERSEE

Das kühle Wasser des Schliersees ist für ein erfrischendes Bad nach der Tour wie geschaffen. Am unbebauten Westufer wird die Ruhe der Wanderer lediglich ab und zu vom Tuten der Bayerischen Oberlandbahn unterbrochen. Auf Höhe der kleinen Insel Wörth, die geübte Schwimmer problemlos erreichen, liegt inmitten der Natur die schönste Badestelle mit allerdings zum Teil etwas feuchten Wiesen. Wer von Fischhausen-Neuhaus nicht so weit wandern will, kann bereits an der Südspitze des Sees ins Wasser springen.

17 HIRSCHBERGHAUS

Lohnendes Ziel zu jeder Jahreszeit

leicht 700 m 3:30 Std.

ANFAHRT

Mit der Bayerischen Oberlandbahn (BOB) von München zum Bahnhof Tegernsee; weiter mit dem RVO-Bus nach Scharling. Per Pkw über Holzkirchen und Tegernsee nach Scharling (gebührenpflichtiger Parkplatz).

AUSGANGSPUNKT

Scharling

HÜTTENANSTIEG

Vom Wanderparkplatz in Scharling auf dem Forstweg zur Talstation der Materialseilbahn und anschließend auf dem gut beschilderten Steig zur Hütte (2 Std.); ein weiterer Anstieg beginnt ein Stück weit südlich am Skilift Brunnbichl (anfangs sehr steil, 2 Std.).

GIPFELZIELE

Hirschberg (1670 m, 1/2 Std.)

KARTE

Kompass Wanderkarte Nr. 8, Tegernsee – Schliersee – Wendelstein, 1:50.000

INFORMATION

Kuramt Bad Wiessee, Adrian-Stoop-Str. 20, 83704 Bad Wiessee, Tel.: 08022/86030, Fax: 08022/860330, E-Mail: info@bad-wiessee.de, Internet: www.bad-wiessee.de

Das Hirschberghaus ist bereits verschneit, der Tegernsee hat sich noch sein herbstliches Flair bewahrt.

Schöner Gipfelblick am Hirschberg gen Süden. Im Hintergrund zeichnet sich die zackige Karwendelkette ab.

Der Hirschberg beherrscht neben dem benachbarten Wallberg das Tegernseer Tal, beide Gipfel sind mit ihrer charakteristischen Form bereits vom Alpenvorland aus klar zu erkennen. Doch während der Wallberg durch die Seilbahn verbaut ist, muss der Wanderer am Hirschberg jeden Höhenmeter selbst erklimmen. Am Ansatz des langgezogenen Grates liegt aussichtsreich das Hirschberghaus, wo an manchen Tagen die Stimmung der in einer Skihütte gleicht.

Andrang zu jeder Jahreszeit

Auf dem Hirschberghaus ist das ganze Jahr über Saison. Im Winter pilgern Rodelfans, Skitourengänger und Wanderer auf die Hütte, im Sommer sind die Wanderer und allenfalls ein paar trainierte Bergjogger unter sich. Der Normalanstieg verläuft von Scharling auf der kurvenreichen Rodelbahn bis zur Materialseilbahn an der so genannten Hirschlache; von dort führt ein schöner, in Serpentinen angelegter Steig durch Latschenfelder zur Hütte, die ganz unvermittelt auftaucht.
Alternativ kann man den Anstieg auch am Liftstüberl etwas weiter südlich beginnen. Der Steig führt jedoch im unteren Abschnitt gnadenlos steil am Rand der Skipiste empor, bevor man angenehm auf einem Forstweg über die Rauheckalmen von Süden zum Hirschberghaus gelangt. Diese Variante sollte man jedoch nicht unbedingt in der sommerlichen Mittagshitze wählen.

Die Besteigung des Hirschbergs Von der Hüttenterrasse hat man den Hirschberg schön im Blick. Die meisten Wanderer lassen sich dieses aussichtsreiche Ziel nicht entgehen. Zwischen Hütte und Berg liegt ein Kessel, der auf dem großzügigen Gratrücken umgangen wird. Der bestens markierte und ausgetretene Steig führt zumeist durch Latschenfelder und im oberen Bereich auch über freie Wiesen zum Gipfelkreuz. Als ob sich der Gipfel auf großen Ansturm vorbereitet hätte, offeriert er reichlich Platz. Man genießt den weiten Rundumblick auf die Berge und den Tegernsee.

Wenn die Hüttenkinder im Einsatz sind Später gönnt man sich noch eine Einkehr auf dem Hirschberghaus. Zu Ferienzeiten oder an Wochenenden könnte man Glück haben und von der siebenjährigen Marie-Thérèse oder dem zehnjährigen Matthias bedient werden. Denn den beiden Hüttenkindern macht das Bedienen zwischendurch immer wieder Spaß, und das spürt der Gast sofort. Wenn man sich mit ihnen unterhält, merkt man jedenfalls schnell, dass ihnen diese Abwechslung zum Talalltag gut zu bekommen scheint. Wer den Hirschberg in Ruhe genießen will, gönnt sich für 30 Euro ein Doppelzimmer mit Balkon und Frühstück und wartet hier entspannt auf den nächsten Tag.

HÜTTENPORTRÄT

HÖHE
1511 m

ERBAUT
1967 (privat)

BEWIRTSCHAFTET
Ganzjährig; Dienstag Ruhetag

KULINARISCHER TIPP
Gulasch, Kassler, Linsen, hausgemachter Kuchen

HÜTTENWIRT
Peter Maier

TELEFON
08029/465

BETTEN
23

LAGER
65

MATERIALBESCHAFFUNG
Von Scharling auf dem Forstweg bis zur Materialseilbahn

Am Hirschberg liegt einem der Tegernsee zu Füßen.

18 TEGERNSEER HÜTTE

Wie ein Adlerhorst im Fels

mittel - schwer 800 m 3:30–4 Std.

ANFAHRT

Mit der Bayerischen Oberlandbahn (BOB) von München zum Bahnhof Tegernsee und dort in den RVO-Bus umsteigen (Haltestelle Klamm bzw. Bayerwald). Mit dem Auto über Tegernsee auf der B 307 nach Wildbad Kreuth und zum Wanderparkplatz Klamm bzw. Bayerwald.

AUSGANGSPUNKTE

Winterstube bei Wildbad Kreuth, Bayerwald, Bad Wiessee

HÜTTENANSTIEG

Von Bayerwald über die Sonnbergalm und den leichten, südlich ausgerichteten Klettersteig (2 Std.); vom Parkplatz Klamm zwischen Kreuth und Achenpass über die Buchsteinhütte (2 ½ Std); weiter ist der Anstieg von Bad Wiessee am Tegernsee über Söllbachtal, Schwarzentennalm und Buchsteinhütte (4 ½ Std.).

GIPFELZIELE

Roßstein (1698 m, 20 Min.), Buchstein (1701 m, 20 Min., nur für Geübte), Schönberg (1621 m, 1 ¾ Std.), Seekarkreuz (1601 m, 2 ¼ Std.)

KARTE

Kompass Wanderkarte Nr. 8, Tegernsee – Schliersee – Wendelstein, 1:50.000

INFORMATION

Kuramt Bad Wiessee, Adrian-Stoop-Str. 20, 83704 Bad Wiessee, Tel.: 08022/86030, Fax: 08022/8603330, E-Mail: info@bad-wiessee.de, Internet: www.bad-wiessee.de

Dieses Pony fühlt sich an der Roßsteinalm wohl. Im Hintergrund sieht man den reizvollen Westgrat des Roßstein.

Hütten gibt es viele in den bayerischen Vorbergen, doch keine liegt so spektakulär zwischen zwei Gipfeln im Fels wie die Tegernseer Hütte. Wie ein Adlerhorst schmiegt sie sich an Roßstein und Buchstein. Zwischen enger Terrasse und gähnendem Abgrund hat gerade noch eine Zaunlatte Platz, und wenn dort Raucher ihrer Sucht nachgehen, fliegt dem Kletterer in der Südwand schon einmal feine Asche in die Augen. Genau aus diesem Grund ist die Direttissima unterhalb der Hüttenterrasse im Kletterjargon als »Aschenbecher« verschrien.

Paradies für Kletterer Über 65 abgesicherte Routen vom Schwierigkeitsgrad 3+ bis 9+ mit bis zu sechs Seillängen gibt es rund um die Tegernseer Hütte. Vor allem im Frühjahr und Herbst herrscht hier Hochkonjunktur. Und weil unter den Kletterfreaks so eine Art Galgenhumor herrscht, sind die Routen alle mit originellen Namen versehen. An der Roßstein-Südwand etwa heißt Route 10 »Via Campari«, Route 14 »Und tschüss« und Route 15 »Kindergeburtstag«. Der Wanderer kann sich selbst einen Reim darauf machen, was diese Titel zu bedeuten haben. Schwieriger scheint das Terrain am Buchstein zu sein: »Vorsicht Falle« will uns erzählen, dass der kürzeste Weg zum besten Haken nicht unbedingt der beste ist. Und »Ein Griff wird kommen« hat den einen oder anderen schon etliche Schweißtropfen gekostet. Der Laie kann direkt von der Hüttenterrasse Kletterer an der »Nadel« beobachten. Details zu den Kletterrouten hat der Hüttenwirt Michael Ludwig zur Genüge auf Lager; dabei kann der aus dem hessischen Aschaffenburg stammende Hüttenwirt seinen Akzent nach zehnjähriger »Einbürgerung« auf der Hütte heute fast vollständig kaschieren. Außerdem liegen in der gemütlichen Stube zum Nachlesen Kletterbücher bereit.

Durch die Buchsteinrinne Während sich die Kletterer in Rinnen und Rissen hochhangeln, kann sich der Wanderer derweil am Normalweg zum Buchstein üben. Dieser zieht im zweiten Schwierigkeitsgrad durch einen Felskamin zum Gipfel empor. Von der Hüttenterrasse bedarf es nur einiger weniger Schritte, um zum Einstieg zu gelangen. Tritte und Griffe sind durch Tausende von Begehern bereits mächtig abgespeckt, sodass ein gutes Schuhprofil nicht schaden kann. Steinschlag ist hier kaum zu befürchten, fast hat man den Eindruck, als hätten all die Gipfelstürmer über die Jahre den Fels blank poliert. Für einige bedeutet diese Route spätestens beim luftigen Abstieg trotzdem den puren Nervenkitzel, denn dann sieht man mit dem Rücken zum Abgrund das Hüttendach direkt zwischen den Füßen hervorlugen. Für die verhältnismäßig steilen Hüttenanstiege von Norden und Süden wird in dieser Lage kein Blick mehr übrig bleiben. Erfreulicherweise wagen sich offensichtlich nur Geübte an diese Tour, Unfälle kommen jedenfalls so gut wie nie vor.

Reizvolle Roßstein-Überschreitung Der Zwillingsbruder Roßstein ist dagegen auch für den Ungeübten beinahe ein Kinderspiel, da sein nur um fünf Meter tieferer Gipfel auch ohne Zuhilfenahme der Hände erklommen werden kann. Beim Anstieg zeigt sich im Rückblick die Tegernseer Hütte von ihrer fotogensten Seite, im Hintergrund sieht man die Buchsteinrinne-Bezwinger wie Spinnen im Fels kleben. Vom Gipfel offenbart sich ein famoser Rundblick, angefangen von Kaisergebirge und Großglockner im Osten über Guffert, Blauberge, Achensee, Zillertaler Alpen und Karwendelgebirge bis hin zum Wetterstein mit Zugspitze und den umliegenden Ammergauer Bergen im Westen.

Abstieg über den Südwestgrat Für den Abstieg wählt man gewöhnlich denselben Weg. Doch irgendwie wirkte auch die Variante über den Südwestgrat auf uns verlockend, obwohl statt Markierungen nur Pfadspuren zu sehen waren und auch auf unserer Karte keinerlei Route eingezeichnet war. Bei Kaiserwetter kann man derlei Experimente schon einmal wagen, notfalls kehrt man um, dachten wir uns und machten uns auf die Socken. Schließlich erwies sich dieser Abstieg zu unserer Überraschung von einem kleinen Kamin abgesehen als absolut harmlose Grat- und Hangquerung; ohne Probleme erreichten wir die Einsattelung oberhalb

HÜTTENPORTRÄT

HÖHE
1650 m

ERBAUT
1904; 1966/67 Wiederaufbau nach Blitzschlag (DAV-Sektion Tegernsee)

BEWIRTSCHAFTET
Zweiter Samstag im Mai bis erster Sonntag im November

KULINARISCHER TIPP
Maultaschen, Kasspatzn, Kaiserschmarrn (nur unter der Woche)

HÜTTENWIRT
Michael Ludwig

TELEFON
0175/4 11 58 13 (Tal: 08042/91 73 78); Übernachtung an Wochenenden nur nach Voranmeldung

LAGER
30

MATERIALBESCHAFFUNG
Materialseilbahn von der Buchsteinhütte

BESONDERHEIT
Über 70 Kletterrouten rund um die Hütte

der Roßsteinalmen. Wir vermuten, dass diese Route zum Schutz der Kletterer nicht offiziell für Wanderer freigegeben wird; zu viele Begeher würden die Steinschlaggefahr erhöhen und die Kletterer in der Falllinie der Wand gefährden. Aus diesem Grund lassen wir diesen überaus schönen Weg als Geheimtipp für den versierten Bergsteiger stehen, der nach der Überschreitung wahlweise genussvoll in Richtung Schwarzenbachtal oder Bayerwald absteigen kann.

Wie exponiert die Tegernseer Hütte zwischen Roß- und Buchstein liegt, kann man auf diesem Bild erahnen.

100-jähriges Jubiläum Bergsteigerqualitäten sind nach Schneefällen auch beim novemberlichen Abstieg über den einfachen Klettersteig nach Süden gefragt. Denn vollkommen unabhängig von der Witterung harrt das Hüttenteam bis zum ersten Novemberwochenende aus, bevor die Hütte verriegelt wird und es zum »Winterschlaf« zurück ins Tal geht. Da kann es schon einmal vorkommen, dass sich das Team durch einen halben Meter Neuschnee wühlen muss. Groß ist die Vorfreude bei Aufklaren nach dem ersten Schneefall, weil dann die Stimmung am »Adlerhorst« am schönsten ist.

Bevor es an den finalen Abstieg geht, wird auf der Hütte am Vorabend noch kräftig gefeiert. Dabei lässt sich das etablierte Stammpublikum aus dem Tegernseer Tal auch von widrigen Bedingungen nicht von diesem Event abhalten und bringt zum Ausklang eines ereignisreichen Jahres einen gewissen Geräuschpegel mit in die warme Stube. Überboten wird diese Festtagsstimmung allenfalls im Sommer 2004, wenn die Tegernseer Hütte am Brotzeitfelsen unter der so genannten »Nadel« ihr 100-jähriges Jubiläum mit der obligatorischen Bergmesse feiert.

EINKEHR IN DER SÖLLBACHKLAUSE

Das beliebte Ausflugslokal am Ausgang des engen Söllbachtals bietet eine sehr leckere Küche. Herzhaft schmeckt etwa das Kartoffelrösti mit Schinken, Pilzen, Tomaten und überbackenem Käse, als Nachtisch bietet sich eine Blaubeer-Joghurt-Torte oder Apfelstrudel mit Zimteis an. Die Einkehr liegt in der Söllbachstraße 71, Tel.: 08022/89 30.

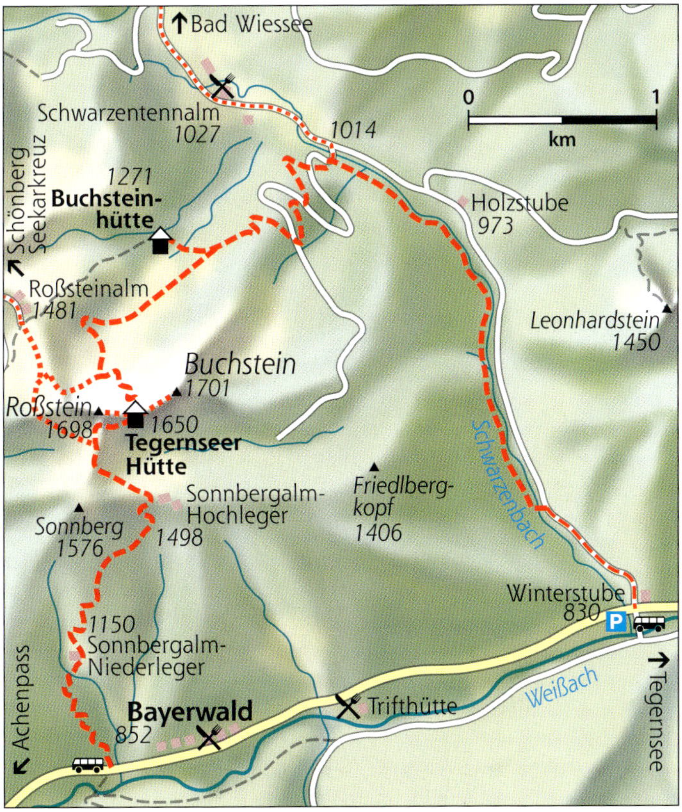

Die Buchsteinhütte

19 GUFFERTHÜTTE
Die älteste Kultstätte Tirols

mittel 500 m 3:30 Std.

ANFAHRT
Stündliche Verbindung von München mit der Bayerischen Oberlandbahn (BOB) nach Tegernsee und weiter mit dem RVO-Bus Nr. 9556 nach Wildbad Kreuth. Mit dem Auto fährt man ebenfalls über Tegernsee nach Wildbad Kreuth. Alternativ kann man mit dem Auto auch von Bad Tölz oder Tegernsee Richtung Achenkirch (Tirol) fahren und ca. 3 Kilometer vor dem Achensee links Richtung Steinberg abbiegen. Etwa 3,5 Kilometer vor dem Ort liegt der Wanderparkplatz Köglboden.

AUSGANGSPUNKT
Wildbad Kreuth oder Steinberg (Tirol)

HÜTTENANSTIEG
Von Wildbad Kreuth über Schwaigeralm und Steinernes Kreuz (Forstweg und Steig, 3 Std.); mit Mountainbike oder Kinderwagen vom Wanderparkplatz Köglboden (Forstweg, 2 Std.)

GIPFELZIELE
Halserspitz (1861 m, 1 1/4 Std.); Guffert (2195 m, 3 Std., über Breitlahneralm 5 Std.)

KARTE
Kompass Wanderkarte Nr. 8, Tegernsee – Schliersee – Wendelstein, 1:50.000

INFORMATION
Achensee Tourismus, Rathaus, A-6215 Achensee, Tel.: 0043/5246/5300, Fax: 0043/5246/5333, E-Mail: info@achensee.tirol.at, Internet: www.achensee.com

Mit der renovierten Fassade schaut die Gufferthütte aus wie neu.

Ganz in der Nähe der Gufferthütte finden wir bei zwei Quellen eine über 2200 Jahre alte Inschrift. Es handelt sich um das älteste Sprachdenkmal im nördlichen Alpenraum.

Aufstieg von Wildbad Kreuth Die Gufferthütte liegt etwa 600 Meter südlich der deutsch-österreichischen Grenze auf österreichischem Gebiet. Sie ist von beiden Seiten der Grenze erreichbar. Von Wildbad Kreuth aus nimmt man einen Forstweg und wandert fast eben in südöstlicher Richtung an der Schwaigeralm und am Schwarzen Kreuz vorbei bis zum Steinernen Kreuz. Von dort geht es auf einem Steig (Weg BB 1) steil aufwärts. Kurz vor der Bayrbachalm zweigt der Weg BB 1 links ab. Ab dieser Kreuzung folgt man dem Weg BB 2 und kommt unter der Halserspitz vorbei in ein sich öffnendes Tal. Nach Überschreiten einer Hochfläche sind es dann nur noch wenige Schritte hinunter zur Gufferthütte. Der Anstieg führt an einem Kreuz vorbei und dauert insgesamt rund drei Stunden. Wer unterwegs noch den Gipfel der Halserspitz besteigen möchte, sollte etwa eineinhalb Stunden mehr einplanen.

Aufstieg von Steinberg Von der österreichischen Seite ist die Gehzeit um eine Stunde kürzer. Der Weg ist durchgehend für Mountainbikes oder mit dem Kinderwagen befahrbar. Ausgangspunkt ist der Wanderparkplatz Köglboden, etwa auf halber Strecke an der Straße zwischen Achenkirch und Steinberg. Ein Forstweg führt zunächst ziemlich flach in das bewaldete Tal hinein, später steigt es dann etwas an. Das Rauschen des begleitenden Bachs ist mal auf der rechten, mal auf der linken Seite zu hören. Am Ende lichtet sich der Wald und die Gufferthütte, die bereits über den Almwiesen gut zu sehen ist, wird nach wenigen Minuten erreicht.

Von der alten zur modernen Hütte Die Grundmauern der Gufferthütte stammen noch aus dem Jahr 1926. Da es lange Zeit keine Zufahrt gab, musste alles zu Fuß hinaufgetragen werden. Dass es auf der Hütte keinen Strom gab, war ein weiteres Problem. Erste Versuche

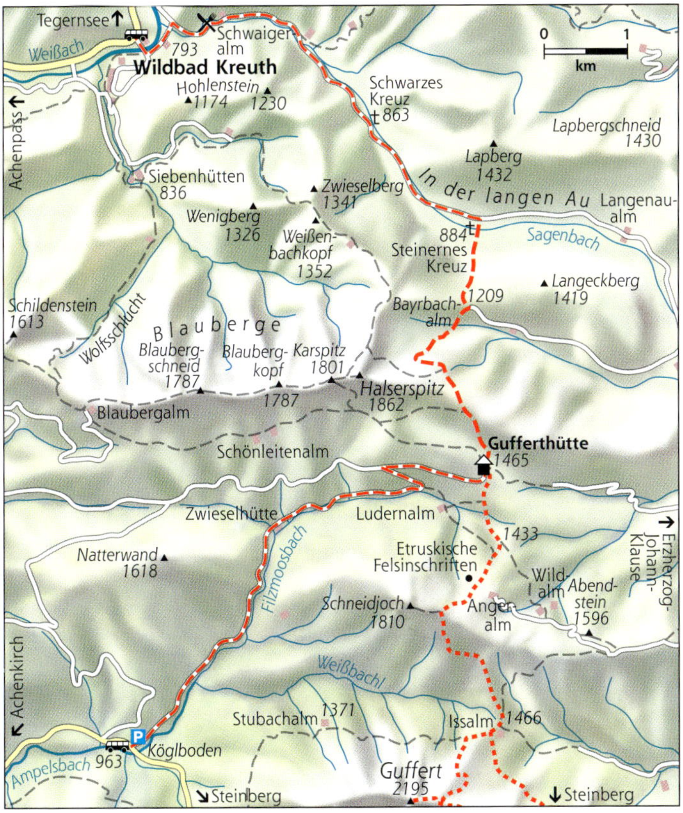

HÜTTENPORTRÄT

HÖHE
1465 m

ERBAUT
1926, 1958 nach Brand wieder aufgebaut, 1998–2003 komplett renoviert (DAV Kaufering)

BEWIRTSCHAFTET
Täglich von Anfang Mai bis Ende Oktober sowie zwischen Weihnachten und Dreikönigstag

KULINARISCHER TIPP
Tiroler Speckknödl, Bergkäse von der benachbarten Alm

HÜTTENWIRTE
Ruppert und Gisela Steiner

TELEFON
0043/676/6292404

BETTEN
10

LAGER
62

MATERIALBESCHAFFUNG
Über Güterweg aus Steinberg

BESONDERHEIT
Umweltfreundliche Energieversorgung

Der Güterweg vom Köglboden ist auch mit dem Mountainbike gut zu machen.

mit einem umweltfreundlichen, mit Rapsöl betriebenen Blockheizkraftwerk zur Stromerzeugung und Wärmegewinnung scheiterten. Im Jahr 1998 folgte dann der große Umbau: Angefangen von der Außenfassade über die Quartiere bis hin zu Küche und Gaststube wurde innerhalb von fünf Jahren alles komplett erneuert. Hinzu kam die Realisierung eines innovativen Energiekonzepts mit einem gasbetriebenen Blockheizkraftwerk und einer Fotovoltaik-Anlage.
Seither stehen auf der Gufferthütte Strom und Warmwasser in ausreichender Menge zur Verfügung. Es gibt genügend Duschen, sodass sich auch anspruchsvolle Gäste wohl fühlen.

Von der Hütte zu den heiligen Quellen Etwa eine Dreiviertelstunde von der Gufferthütte entfernt bringen am Fuß des Schneidjochs zwei Quellen ihr Wasser aus dem Erdinnern hervor. Erst 1956 wurde dort eine Inschrift entdeckt, die zu ganz unterschiedlichen Interpretationen Anlass gab. Ursprünglich ging man von einem Text der Etrusker aus, der besagte, dass an dieser Stelle dem Gott Kastor eine Frau geopfert worden war. Später war man sich der Sache nicht mehr ganz so sicher und vermutete den Verfasser in der römischen Zeit etwa zwischen 400 und 100 v. Chr.
Das Wasser wurde mittlerweile auf seine Heilkraft hin untersucht, auffallend war der relativ hohe basische pH-Wert von 9,4. Unabhängig davon, wie der wissenschaftliche Hintergrund der heiligen Quellen letztlich aussieht, ist es einfach nur schön, die Wanderung dorthin zu unternehmen und an dem historischen Ort zu verweilen.

Die Heilkraft des Moores Südlich der Gufferthütte breitet sich das Filzmoos aus, das ursprünglich einmal ein See war, der inzwischen verlandet ist. Es handelt sich um das höchstgelegene Moor in ganz Österreich. Der eine oder andere schwört darauf, dass das Barfußgehen im Moor gegen Erkältungskrankheiten hilft. Sicher ist in jedem Fall die angenehme Erfrischung der Füße nach einer langen Wanderung.

Die umliegenden Almen Neben Milchkühen und Jungvieh weiden auch 20 Haflinger auf den Almwiesen rund um die Hütte. Die Pferde werden jedes Jahr für eine bestimmte Zeit von den Bauern heraufgebracht, damit sie sich in der gesunden Umgebung und an dem guten Grünfutter stärken können. Ein Schmankerl für die Hüttenbesucher sind die frische Butter und der Bergkäse, die von der nahe gelegenen Alm stammen.

Auf den Guffert Dank ihrer exponierten Lage am nördlichen Rand des Rofangebirges ist die Guffertspitze ein ausgezeichneter Aussichtsberg. Von der Gufferthütte wandert man zunächst auf einem Steig hinauf zum Schneidjoch. Es folgt ein kurzer Abstieg zur Issalm, bevor es dann steil und direkt zum Gipfel hinaufgeht. Alternativ gibt es von der Issalm auch den Anstieg über die Breitlahneralm (verfallen), dafür sind allerdings zwei weitere Stunden Gehzeit bis zum Gipfel einzuplanen. Bei beiden Varianten sind Trittsicherheit und Schwindelfreiheit erforderlich.
Von der Guffertspitze führt ein Steig vorbei an der Schmiedquelle und dem Guffertstein über Luxegg hinunter nach Steinberg am Rofan (ca. 3 Std.), sodass man auf diesem Weg wieder ins Tal kommen kann. Eine sehr schöne Tour wäre auch der Anstieg von Steinberg auf die Guffertspitze mit anschließender Übernachtung auf der Gufferthütte (6 bis 7 Std. reine Gehzeit).

BERGKÄSE, KAMINWURZN UND SCHINKENSPECK

Wer mit dem Auto von Achenkirch zurück in Richtung Tegernsee bzw. Sylvensteinspeicher fährt, kommt an dem letzten Kiosk etwa 200 Meter vor der ehemaligen Grenzstation vorbei. Dort werden neben Bergkäse und Almbutter direkt von der Alm aus dem Gebiet um die Gufferthütte auch verschiedene einheimische Wurstsorten verkauft.

EINE KLEINE RUNDE MIT DEM MOUNTAINBIKE

Vom Wanderparkplatz Köglboden ist die Gufferthütte auf einer breiten Forststraße (7 km) mit fast durchgängig mittlerem Anstieg in ca. einer Stunde zu erreichen. Für die Rückfahrt bietet sich ein Abstecher über Achenwald und Leiten an.

Der Guffert ist schon von weitem gut zu sehen.

Aufstieg neben dem Bach

20 ERFURTER HÜTTE

Aussichtskanzel über dem Achensee

Gipfelrast auf der Rofanspitze

Egal ob man zu Fuß geht oder mit der Rofan-Seilbahn auf die Erfurter Hütte fährt – von der Sonnenterrasse gibt es einen wundervollen Blick auf den Achensee und das Karwendelgebirge.

schwer 900 m 4:30 Std.

ANFAHRT
Stündliche Verbindung mit der Deutschen Bahn auf der Strecke Rosenheim–Innsbruck. In Jenbach auf die Zahnradbahn (Achenseebahn) nach Seespitz am Achensee umsteigen oder den Postbus nehmen. Mit dem Auto aus Richtung Deutschland über Tegernsee oder Bad Tölz zum Achenpass und weiter nach Maurach. Bei der Talstation der Rofan-Seilbahn gibt es einen Parkplatz.

AUSGANGSPUNKT
Maurach

HÜTTENANSTIEG
Von der Talstation der Rofan-Seilbahn (2 1/2 Std.); von Buchau über Dalfazalm (3 1/2 Std.)

GIPFELZIELE
Hochiß (2299 m, 2 Std.); Rofanspitze (2259 m, 2 Std.); Haidachstellwand (2192 m, 1 3/4 Std.)

KARTE
Kompass Wanderkarte Nr. 027, Achensee, 1:35.000

INFORMATION
Achensee Tourismus, Rathaus,
A-6215 Achensee, Tel.: 0043/5246/5300,
Fax: 0043/5246/5333,
E-Mail: info@achensee.tirol.at,
Internet: www.achensee.com

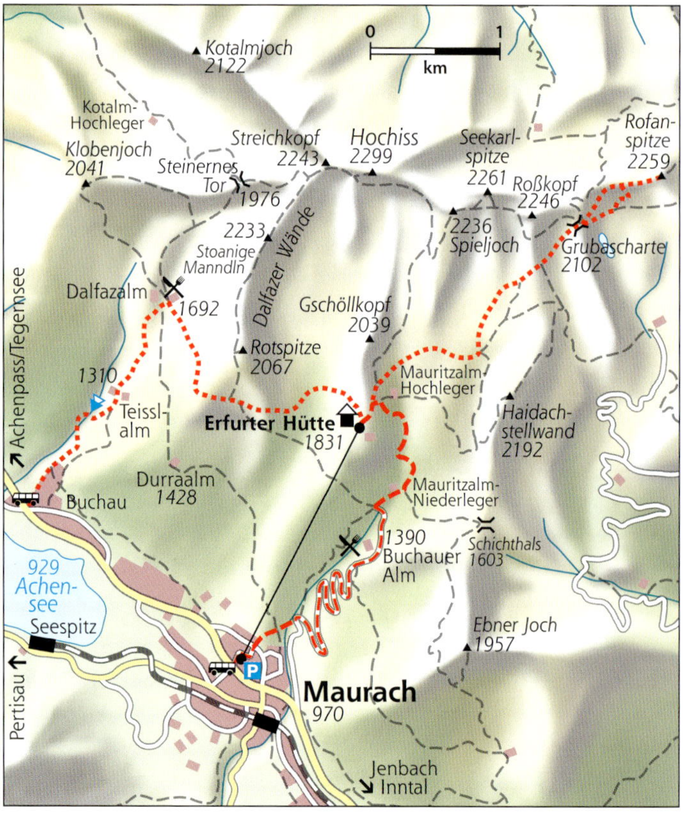

Die Bergdohlen machen sich über die Essensreste her.

Ob Seilbahn und Hütte zusammenpassen, ist ein viel diskutiertes Thema unter Bergfreunden. Die einen meiden die Seilbahn wie der Teufel das Weihwasser, für die anderen stellt sie eine willkommene Aufstiegshilfe dar. So spaltete auch 1959 der Bau der Rofan-Seilbahn die Geister: Der damalige Vorstand der DAV-Sektion wehrte sich mit allen Mitteln dagegen; als er dann viel später im hohen Alter mithilfe der Seilbahn immer noch die Erfurter Hütte besuchen konnte, war er dankbar dafür.

Die Erfurter Hütte im Wandel der Zeit Als sich gleich nach Eröffnung der Seilbahn eine große Anzahl von Besuchern in der Hütte drängte, hatten die Wirtsleute alle Hände voll zu tun, um dem Ansturm gewachsen zu sein. Im Lauf der Jahre wurden Gaststube, Terrasse und Küche umgebaut, sodass heute der Betrieb auch zu Stoßzeiten reibungslos abläuft. Die Familie Kostenzer, die seit 1947 die Erfurter Hütte bewirtschaftet, hat es trotz des Wandels geschafft, den ursprünglichen Charakter des Hauses zu erhalten. Sobald die letzte Gondel zu Tal gefahren ist, kehrt in den Räumen die gewohnte gemütliche Hüttenatmosphäre ein.

Anstieg zur Hütte Wer nicht möchte, braucht die Seilbahn auch nicht zu benutzen. Von der Talstation führt ein breiter Güterweg durch den Wald hinauf zum Mauritz-Niederleger (Weg Nr. 401). Danach geht es auf einem Steig steil ansteigend bis zur Erfurter Hütte (ca. 2 ½ Std.). Alternativ nehmen manche Wanderer auch den Weg Nr. 413 von Buchau über die Dalfazalm, das dauert etwa eine Stunde länger.

Herrliche Alpenflora Zwischen Mai und Juli findet man rund um die Erfurter Hütte eine artenreiche Alpenflora vor. An manchen Stellen gibt es auf wenigen Quadratmetern bis zu zwanzig verschiedene Alpenpflanzen zu entdecken. Insbesondere die häufig vertretenen Alpenrosen färben im Frühsommer die Almwiesen in ein schönes Rosarot. Dazu schafft das Gebimmel der Glocken von 120 Milchkühen die passende akustische Untermalung. Krönender Abschluss für einen stimmungsvollen Tag ist dann der Sonnenuntergang, sofern man auf der Hütte übernachtet oder erst spät ins Tal absteigt.

Der Anstieg zur Rofanspitze Von der Erfurter Hütte weg geht es zunächst nur leicht ansteigend durch die Almwiesen. Später wird der Steig ordentlich steil, an machen Stellen ist dabei Trittsicherheit und Schwindelfreiheit erforderlich. Der Anstieg auf den Gipfel wird durch eine weite Fernsicht belohnt. Ein Teil der Gipfelstürmer peilt von dort den Übergang zur nächsten Übernachtungshütte an und wandert über Sagzahn und Sonnwendjoch in östlicher Richtung weiter zur Bayreuther Hütte. Das dauert ca. 3 ½ Stunden.
Wer auf ganz besondere Art von der Erfurter Hütte ins Tal kommen möchte, kann an der Kasse der Rofan-Seilbahn einen Tandemflug mit dem Paragleiter buchen. Neben etwas Mut reichen warme Kleidung und gutes Schuhwerk aus, um sich von Flori oder Andi – das sind die beiden Tandempiloten – im Gleitflug sicher hinunter ins Tal bringen zu lassen.

HÜTTENPORTRÄT

HÖHE
1831 m

ERBAUT
1895, zuletzt 1997 erweitert und renoviert (DAV-Sektion Ettlingen)

BEWIRTSCHAFTET
Täglich zwischen Pfingsten und Mitte Oktober sowie zwischen Weihnachten und Ostern

KULINARISCHER TIPP
Käsespätzle

HÜTTENWIRT
Hans Kostenzer

TELEFON
0043/5243/5517

BETTEN
20

LAGER
50

MATERIALBESCHAFFUNG
Über die Rofan-Seilbahn

DIE ROFAN-SEILBAHN

Nur knapp fünf Minuten ist die Gondel von der Talstation bis zur Erfurter Hütte unterwegs. Die Fahrzeiten sind von Mitte Mai bis Ende Oktober täglich von 8.30 bis 17 Uhr, zwischen Ende Juni und Anfang September täglich von 8 bis 17.30 Uhr. Weitere Informationen im Internet unter www.rofanseilbahn.at oder unter Tel.: 0043/5243/5292.

21 PLUMSJOCHHÜTTE
Die Hütte der Tiere

mittel 450 m 2 Std.

ANFAHRT
Mit dem Auto über Tegernsee oder Bad Tölz zum Achenpass und weiter nach Pertisau. Von dort auf einer gebührenpflichtigen Mautstraße zum Wanderparkplatz bei der Gernalm. Alternativ dazu kann man auch vom Sylvensteinspeicher nach Vorderriß fahren und dort die Mautstraße ins Engtal nehmen. Direkt beim Wanderparkplatz Hagelhütten beginnt ein Steig, mit Mountainbike oder Kinderwagen nimmt man die Forststraße etwa 600 Meter weiter hinten im Tal.

AUSGANGSPUNKT
Gernalm in Pertisau oder Hagelhütten im Engtal

HÜTTENANSTIEG
Von der Gernalm (1 1/4 Std.); von den Hagelhütten auf dem Steig (1 1/2 Std.), über den Güterweg (1 3/4 Std.)

GIPFELZIELE
Montscheinspitze (2108 m, 1 3/4 Std.); Bettlerkarspitze (2268 m, 1 Std. bis zum Vorgipfel, anschließend 3/4 Std. sehr schwierige Tour bis zum Gipfel).

KARTE
Kompass Wanderkarte Nr. 182, Isarwinkel, 1:50.000

INFORMATION
Achensee Tourismus, Rathaus, A-6215 Achensee, Tel.: 0043/5246/5300, Fax: 0043/5246/5333, E-Mail: info@achensee.tirol.at, Internet: www.achensee.com

Rund um die Plumsjochhütte sind zahlreiche Haustiere unterwegs. Hinzu kommen die Tiere auf der Weide und mit etwas Glück kann man oben zwischen den Felsen auch Gämsen und sogar Steinböcke entdecken.
Neugierig betrachteten die weiß gefiederten Gänse das Mountainbike. Der Besitzer nahm es gelassen hin. Als eines der Tiere aber anfing, am Reifen zu picken, wurde der Radler unruhig. Doch der Gummi schien der Gans nicht zu schmecken und sie ließ von dem eleganten Fortbewegungsmittel ab. Gemeinsam suchten die Tiere das Weite, um etwas Neues zu erkunden.

Paradies für Kinder Neben den Gänsen laufen auf der Plumsjochhütte auch Enten, Hühner und Hasen frei herum. Dazu kommen 30 Milchkühe, 80 Kälber und 4 Schweine. Bis 2003 gab es Schafe auf der Weide, jetzt stehen stattdessen 30 schottische Hochlandrinder im saftigen Gras. Die Haustiere sorgen für Abwechslung auf der Terrasse, weil sie ständig zwischen den Gästen herumlaufen.

Eigene Produkte von der Alm Gerda Leitner ist seit 21 Jahren Hüttenwirtin auf der Plumsjochhütte. Neben der Bewirtung der Gäste betreibt sie auch die Sennerei mit den 30 Milchkühen. Schon um 4 Uhr früh klingelt ihr Wecker, dann werden als Erstes die Kühe gemolken. Danach beginnt die Arbeit in der Sennküche, wo sie Butter, Buttermilch und Graukäse herstellt. Kaum ist sie damit fertig, sind schon die ersten Wanderer auf der Hütte eingetroffen. Zusammen mit ihren Mitarbeitern kocht und serviert sie eine deftige Hausmannskost.

Aufstieg von Westen oder von Osten Die Plumsjochhütte ist aus zwei entgegengesetzten Himmelsrichtungen zu erreichen. Von Westen beginnt man im Engtal und wandert von den Hagelhütten auf einem Steig (Weg Nr. 233) durch den Wald hinauf. Zwischendurch wird ein Teilstück auf dem Güterweg zurückgelegt. Mit dem Mountainbike oder Kinderwagen kann man auch für die gesamte Strecke den Güterweg benutzen. Der Einstieg ist dann etwa 600 Meter hinter den Hagelhütten ebenfalls auf der linken Seite.
Von Osten nimmt man in Pertisau am Achensee die gebührenpflichtige Mautstraße bis zur Gernalm und wandert über einen alten Güterweg hinauf zur Plumsjochhütte. Der Weg ist stellenweise in schlechtem Zustand und stellt damit eine echte Herausforderung für Mountainbiker dar.

Auf die Montscheinspitze Die meisten Wanderer steigen von der Plumsjochhütte über das Plumsjoch auf die Mondscheinspitze. Der Weg setzt allerdings Trittsicherheit und Schwindelfreiheit voraus. Vom Gipfel ist der Blick auf den tief unten liegenden Achensee beeindruckend.

Die beiden Gipfel der Bettlerkarspitze Alternativ zur Montscheinspitze bietet sich die Besteigung des Vorgipfels der Bettlerkarspitze an, der ebenfalls eine schöne Aussicht bietet. Der Steig dorthin führt anfangs noch sehr gemütlich über die Almwiesen, später wird es immer steiler, zwischendurch muss ein Geröllfeld überwunden werden. Noch weitaus

Das Mountainbike im Blickpunkt des Interesses

schwieriger ist das Erklimmen des Hauptgipfels. Der Steig ist weitgehend in schlechtem Zustand, an manchen Stellen geht es senkrecht in die Tiefe, hin und wieder ist einfaches Klettern erforderlich. Daher sollten nur erfahrene Bergsteiger mit entsprechender Ausrüstung diesen Anstieg wagen.

HÜTTENPORTRÄT

HÖHE
1630 m

ERBAUT
Vor 1900 (privat)

BEWIRTSCHAFTET
Täglich von Anfang Mai bis Ende Oktober

KULINARISCHER TIPP
Wildgerichte (im Herbst)

HÜTTENWIRTIN
Gerda Leitner

TELEFON
0043/5243/5487

BETTEN
Keine

LAGER
30

MATERIALBESCHAFFUNG
Über Güterweg aus dem Engtal

22 LAMSENJOCHHÜTTE

Großartige Felsszenerie

mittel 700 m 3:15 Std.

ANFAHRT

Mit dem Pkw über Bad Tölz und Sylvensteinspeicher oder Holzkirchen und Tegernsee nach Maurach am Achensee, dort rechts nach Pertisau abzweigen. Im Ort links halten und durch das Falzthurntal zur Gramaialm (Mautstrecke). Alternativ über Lenggries und Sylvensteinspeicher nach Vorderriß und auf der mautpflichtigen Straße zum Alpengasthof Eng. Dort hält auch der Bergsteigerbus von Lenggries (bis dorthin mit der Bahn); die Anreise zum Achensee mit den öffentlichen Verkehrsmitteln ist nicht zu empfehlen.

AUSGANGSPUNKT

Falzthurntal, Eng

HÜTTENANSTIEG

Direktester Anstieg von der Gramaialm im Falzthurntal auf gutem Steig (1 1/2 Std., AV-Weg 201); vom Alpengasthof Eng über Binsalm und westliches Lamsenjoch (2 1/4 Std.)

GIPFELZIELE

Hahnkampl (2080 m, 1 Std.), Sonnjoch (2457 m, 3 1/2 Std.), Lamsenspitze (2508 m, 2 Std., nur für Geübte), Hochnisslspitze (2547 m, 3 Std., nur für Geübte)

KARTE

Kompass Wanderkarte Nr. 26, Karwendelgebirge, 1:50.000

Beim Ausstieg aus dem Brudertunnel zeichnet sich die Kletterin als dunkle Silhouette ab.

Der Alpenpark Karwendel umfasst zwischen Inn, Isar, Achensee und Seefelder Senke eine Fläche von 920 Quadratkilometern. Jeder Winkel dieses schroffen Gebirges hat seine reizvollen Seiten, doch was der Wanderer rund um die Lamsenjochhütte auf engstem Raum vorfindet, gehört zu den schönsten Landschaften im östlichen Alpenraum. Der Klettersteig durch den Brudertunnel zur Hochnisslspitze etwa ist atemberaubend schön, und auch wer durch die südliche Turnerrinne zur Lamsenspitze hochkraxelt, erfährt angesichts der grandiosen Kulisse Adrenalinstöße.

Lob vom Kletterpapst Selbst Reinhold Messner bezeichnet die Anstiege auf Lamsenspitze und Hochnissl in seinem Buch »Klettersteige Ostalpen« (1978) als »das reichste Klettersteigprogramm, das als zusammenhängende Bergfahrt unternommen werden kann«. Anders ausgedrückt: Ergiebigere und auch schönere Klettersteige sind in den nördlichen Kalkalpen kaum anzutreffen. Angst vor veralteten Anlagen muss niemand haben: Die Klettersteige durch den Brudertunnel und auf die Lamsenspitze wurden im Jahr 2002 gründlich saniert und mit neuen Seilen versehen.

Klettersteig mit Tunnelausgang Beide Klettersteige können auch vom ganz gewöhnlichen Wanderer bewältigt werden, vorausgesetzt, er ist trittsicher und schwindelfrei. Da die steilsten und somit schwierigsten Passagen jeweils am Anfang der Kletterpassagen liegen, kann jeder seine Tauglichkeit gleich auf die Probe stellen. Wenn in einer Gruppe Anfänger dabei sind, muss man sie besonders anleiten und Rücksicht nehmen. Um die Klettersteigtauglichkeit zu testen, sollte man den Anfänger nach Überwinden der ersten Steilstufe in die Tiefe blicken lassen und vor allem darauf vorbereiten, dass diese Passagen auch wieder abgestiegen werden müssen.

Der Brudertunnel Der Einstieg zum Brudertunnel beginnt nur wenige Minuten oberhalb der Lamsenjochhütte am Fuß der steil aufstrebenden Wand. Eisenbügel führen drahtseilgesichert fast senkrecht in die Höhe, die Tiefblicke werden mit jeder Stufe imposanter. Dann wird das Gelände bis zum Eingang des Lams- oder Brudertunnels – eines natürlichen Felstunnels – langsam etwas flacher. Besonders anregend ist der Ausstieg aus dem Tunnel: Über eine leicht überhängende Passage zieht man sich quasi auf die andere Seite des Bergkamms. Vom Tunnelinneren aus ergibt die dunkle Silhouette des Kletterers vor dem hellen Himmel im Hintergrund ein bizarres Fotomotiv. In schneereichen Jahren kann es passieren, dass der Tunneleingang von meterhohen Eiswällen versperrt ist. Eine kurze

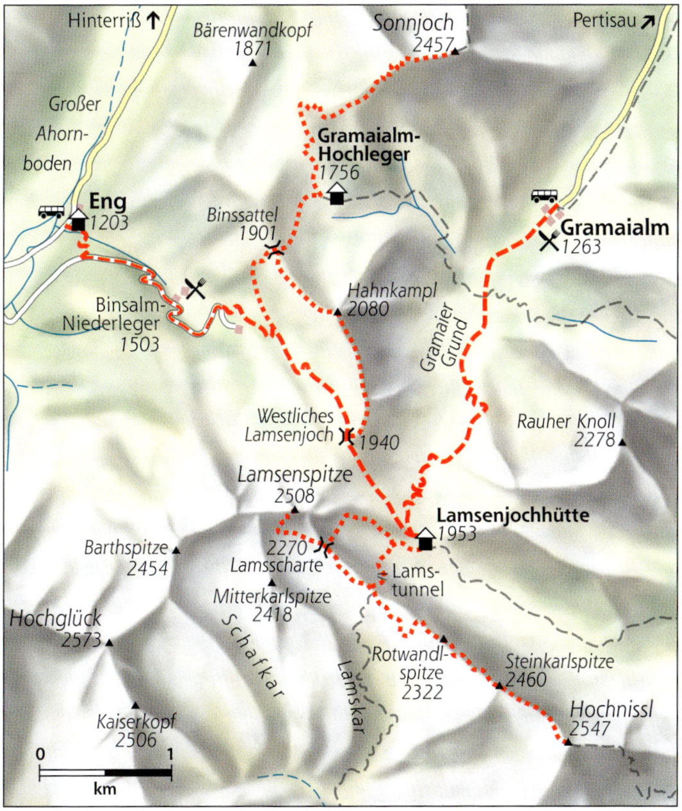

HÜTTENPORTRÄT

HÖHE
1953 m

ERBAUT
1908 (DAV-Sektion Oberland)

BEWIRTSCHAFTET
Anfang Juni bis Mitte Oktober

KULINARISCHER TIPP
Fleisch aus eigener landwirtschaftlicher Produktion, eigene Käserei im Tal

HÜTTENWIRT
Walter Bliem

TELEFON
0043/5244/62063

BETTEN
30

LAGER
120

MATERIALBESCHAFFUNG
Versorgungsweg vom Stallental (Inntal)

BESONDERHEIT
Umweltgütesiegel vom DAV

Blick von der Hochnisslspitze nach Westen zur Lamsenspitze

Gleich ist es geschafft: Beim Einstieg in den Brudertunnel ist der Tunnelausgang noch nicht sichtbar.

Rücksprache vor der Tour mit dem Hüttenwirt Walter Bliem kann also nicht schaden.

Hochnissl – ein Hochgenuss
Die Südseite ist ein mit einzelnen Felspartien durchsetztes Wiesen- und Schrofengelände und somit wesentlich flacher als der luftige Nordanstieg. Beim Tunnelausgang stößt man auf jenen Steig, der von der Lamsscharte hinüberführt; der Weg über die Scharte ist übrigens eine mögliche Alternative zum Klettersteig durch den Lamstunnel. Weiter geht es stets knapp unterhalb der Kammhöhe in südöstliche Richtung, an manchen Stellen kann man beim Blick in den steilen Abgrund das Dach der Lamsenjochhütte erkennen.
Nach Überschreitung der Rotwandlspitze kann auch der Gipfel der Steinkarlspitze noch als kleine Zugabe erklommen werden. Dann folgt der Abstieg durch einen steilen Kamin, eine gut gesicherte Schlüsselstelle. Ein letzter Aufschwung noch, und mit der Hochnisslspitze ist der östliche Eckpfeiler des Karwendel-Hauptkamms erreicht. Ebenso grandios wie der anregende Anstieg ist der Gipfelblick auf das Karwendel sowie Zillertaler, Stubaier und Ötztaler Alpen jenseits des Inntals. Nach der Gipfelrast entschlossen wir uns für den Abstieg in das Inntal, um vom Gasthof Karwendelrast auf Umwegen zum Achensee zurückzutrampen. Auf diese Weise erfährt man bei der Hochnissl-Überschreitung einen sagenhaften Landschaftswechsel von schroffem Felsgelände in saftig-grüne Almmatten.

Die Lamsenspitze ist einer der formschönsten Berge des Karwendelgebirges. Die Lamsenjochhütte liegt nur wenige Meter von diesem Fotostandort entfernt.

Lamsenspitze – eine alpine Herausforderung Noch um eine Nuance schwieriger als die Hochnisslspitze ist die Besteigung der Lamsenspitze. Der das Tal und die Hütte beherrschende Berg fällt mit steilen Kanten nach Nordosten und Südosten ab, dazwischen öffnet sich die eindrucksvolle Ostwand. Diese gut gegliederte Wand ist bei Kletterern äußerst beliebt und bietet zahlreiche Routen sämtlicher Schwierigkeitsgrade. Der Hauptgipfel ist übrigens von der Hütte nicht einsehbar.
Der Normalanstieg führt von der Lamsenjochhütte entweder auf dem bezeichneten Steig über eine plattige Wandstufe oder dem Umweg Lamstunnel zur Lamsscharte. Von der Scharte geht es kurz abwärts, bevor die breiten Schutthänge westwärts gequert werden. Aus der Karmulde zie-

ALTERNATIVE BINSALM

Wer auf der Lamsenjochhütte für die geplante Übernachtung wegen Überfüllung keinen Platz mehr findet, kann sich alternativ auf der Binsalm mit schönem Blick in die Eng einquartieren. Die Alm hat von Mitte Mai bis Ende Oktober geöffnet und verfügt über je 40 Betten und Lager; die Lamsenjochhütte ist von hier in gut einer Wanderstunde zu erreichen. Tel.: 0043/5245/214.

hen zwei Felsrinnen die Südwand empor, die auf dem neu versicherten Klettersteig mit ein wenig Umsicht gefahrlos erklommen werden können. An schönen Wochenenden sind manchmal ganze Karawanen unterwegs, dann empfiehlt sich zum Schutz gegen losgetretene Steine das Tragen eines Schutzhelms. Nach Erreichen einer kleinen Schuttterrasse quert man problemlos zum Gipfel. Sehr beeindruckend ist von hier der Blick in die Eng und über das Falzthurntal hinaus zum Achensee.

Beliebter Stützpunkt Wer es sich irgendwie einrichten kann, sollte dieses grandiose Gebiet während der Woche besuchen. Denn besonders bei Schönwetter ist die Lamsenjochhütte an Sommerwochenenden oft restlos überbucht. Zu den rund 150 Übernachtungsgästen kommen dann noch die Tagesausflügler; die Lamsenspitze ist auch als Tagestour sehr beliebt. Wenn man jedoch an den kniffligen Stellen anstehen muss, mindert sich der Kletterreiz ganz erheblich, abgesehen davon, dass dann die Steinschlaggefahr zu einem ernsten Problem werden kann.

23 FALKENHÜTTE

Im Schatten der Lalidererer Wände

mittel 650 m 3:30 Std.

ANFAHRT

Mit der Bayerischen Oberlandbahn (BOB) von München nach Lenggries. Am Bahnhof in den Bergsteigerbus Richtung Eng umsteigen (Haltestelle an jedem der drei Anstiege; der Bus verkehrt vorzugsweise an Wochenenden im Sommer, Fahrplan beachten!). Mit dem Auto über Bad Tölz, Lenggries und Sylvensteinspeicher nach Vorderriß und dort auf der mautpflichtigen Straße Richtung Eng.

AUSGANGSPUNKT

Rißtal oder Eng

HÜTTENANSTIEG

Der kürzeste Anstieg ist der von der Engalm auf dem Europäischen Fernwanderweg E4 alpin (2 Std., Markierung 201); alternativ vom Rißtal ab Bushaltestelle Laliderer Tal durch das gleichnamige Tal zunächst auf dem Fahrweg, dann auf dem AV-Steig 232 (2 1/4 Std.); ein dritter Anstieg erfolgt durch das Johannestal (3 Std.).

GIPFELZIELE

Ladizköpfl (1920 m, 15 Min.), Mahnkopf (2094 m, 1 Std.), Steinfalk (2347 m, 2 1/4 Std.), Gumpenspitze (2176 m, 1 1/2 Std.), Gamsjoch (2452 m, 2 3/4 Std.).

KARTE

Kompass Wanderkarte Nr. 26, Karwendelgebirge, 1:50.000

Der Vorgipfel des Gamsjochs ist erreicht. Dahinter die dunkle Kulisse der Lalidererwände, die Falkenhütte liegt direkt darunter.

Wie unterschiedlich die landschaftliche Wahrnehmung im Gebirge ausfallen kann, zeigt sich an der Falkenhütte. Während die meisten Wanderer beim Anblick der fantastischen Wandkulisse hinter der Hütte ins Schwärmen geraten, können bergunerprobte Flachlandtouristen durchaus von Schwindelgefühlen befallen werden. Wir trafen auf der Hütte jedenfalls

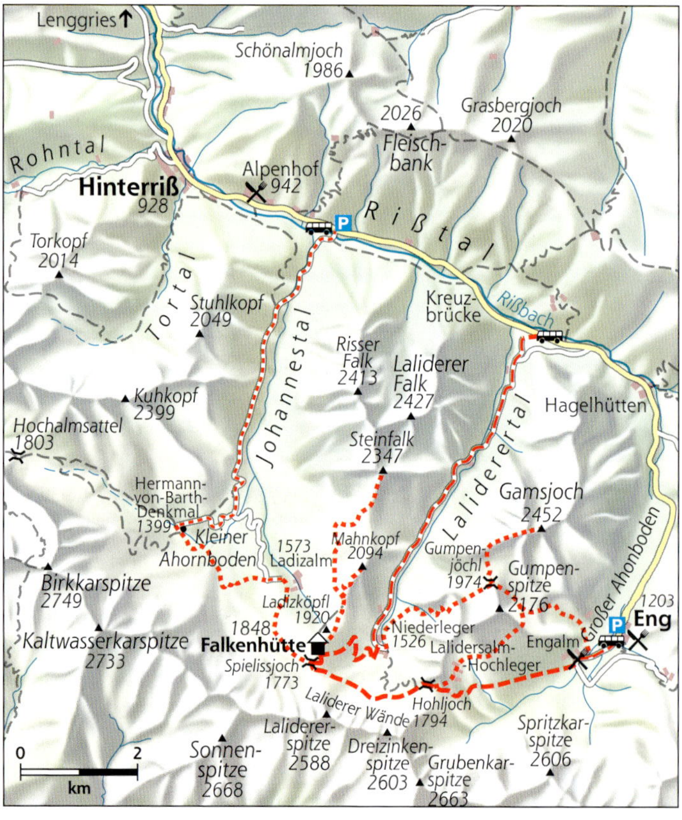

einen Musiker, der am Morgen von furchterregenden Alpträumen erzählte, in denen die Laliderer Wände über ihm einzustürzen drohten. Von Norden wirkt die kühne Wand wie eine Königskrone, die durch Rinnen und Bänder erklommen werden kann. Die Normalroute – benannt nach den berühmten Erstbegehern Max und Guido Mayer sowie Angelo Dibona – führt in der Falllinie der Scharte zwischen Lalidererspitze und Laliderer Wand im fünften Schwierigkeitsgrad alter Prägung empor. Kaum zu glauben, dass diese Gipfel von der Südseite her problemlos erwandert werden können.

Drei Gipfel in einem Kamm Zugegeben, so eine bedrohliche Wand kann schon Respekt einflößen. Richtung Süden gibt es von der Hütte aus für den Wanderer also keine Gipfelziele, so viel steht fest. Von den nördlich gelegenen Gipfeln Ladizköpfl, Mahnkopf und Steinfalk ergeben sich jedoch mit ein wenig Abstand großartige Blicke in die Laliderer Wände, auch wenn der Blick über die Wände hinaus in den Süden nach wie vor verwehrt bleibt. Alle drei liegen auf einem Kamm, der zur Falkengruppe hinzieht. Der Steinfalk ist das entfernteste Ziel und stellt mit einer leichten Kraxelei das Geschick des Wanderers auf die Probe.

Gamsrudel am Gamsjoch Auf der anderen Seite des Laliderer Tals erhebt sich der mächtig aufstrebende Gebirgsstock des Gamsjochs. Der eigentliche Anstieg zum Gumpenjöchl am Fuß des Berges beginnt im Talschluss an den Holzhütten des Lalidersalm-Niederlegers, wobei man von der Falkenhütte zunächst gut 300 Höhenmeter verliert. Alternativ gelangt man über das Hohljoch und den Lalidersalm-Hochleger östlich der Gumpenspitze auf Steigspuren zum Jöchl.
Vom Gumpenjöchl geht es in die abschüssige, aber problemlos zu durchquerende Südwestflanke des Gamsjochs. Während im unteren Bereich Grasflächen überwiegen, ist der Gipfelaufbau von reichlich Schutt bedeckt. Zuletzt wandert man auf dem breiten Westgrat zum Gipfelkreuz, von dem sich famose Ausblicke auf weite Teile des Karwendelgebirges auftun. Herrlich von hier auch der Blick in die Eng mit dem Ahornboden, den wir uns für den Abstieg vorgenommen haben. Im Frühsommer liegen in der Steilrinne unterhalb des Gumpenjöchls noch Altschneefelder, auf denen es sich bei entsprechender Beschaffenheit wunderbar zu Tal gleiten lässt. Gewicht auf die Fersen verlagern und auf geht's zur fröhlichen Abfahrt. Im unteren Bereich ist Vorsicht vor dem reißenden Wildbach geboten. Der Ahornboden erfreut uns mit seinen saftigen Blumenwiesen und den berühmten Ahornbäumen.

HÜTTENPORTRÄT

HÖHE
1848 m

ERBAUT
1902 (DAV-Sektion Oberland)

BEWIRTSCHAFTET
Anfang Juni bis Mitte Oktober

HÜTTENWIRT
Friedrich Kostenzer

TELEFON
0043/5245/245 (Tal: 0043/5243/51 34)

BETTEN
28

LAGER
65

MATERIALBESCHAFFUNG
Fahrweg durch das Johannestal

Oben: Am wenig begangenen Gamsjoch trifft man oftmals Gämsen an.

Der schöne Ahornboden ist vor allem an klaren Herbsttagen ein lohnendes Ziel.

24 HOCHLANDHÜTTE

Ruhe und Abgeschiedenheit vor fantastischem Gebirgspanorama

mittel 550 m 4 Std.

ANFAHRT

Stündliche Verbindung mit der Deutschen Bahn auf der Strecke von München über Garmisch-Partenkirchen nach Mittenwald. Mit dem Auto fährt man von Garmisch-Partenkirchen nach Mittenwald und parkt am besten entweder bei der Talstation der Karwendelbahn oder etwa 500 Meter zuvor auf einem kleinen Wanderparkplatz auf der anderen Seite der Bundesstraße.

AUSGANGSPUNKT

Mittenwald

HÜTTENANSTIEG

Von der Talstation der Karwendelbahn über Ochsenbodensteig und Bankle (2 3/4 Std.); vom Wanderparkplatz auf dem Güterweg über Ochsenboden und Bankle (2 1/4 Std.); vom Rehbergwald auf dem Gassellahnbachweg über die Obere Kälberalm (2 Std.).

GIPFELZIELE

Wörnerspitze (2476 m, 2 1/2 Std.); Tiefkarspitze (2432 m, 2 1/2 Std.); Westliche Karwendelspitze über Dammkarhütte (2384 m, 3 1/2 Std.). Für alle Gipfel ist alpine Erfahrung, Trittsicherheit und Schwindelfreiheit erforderlich.

KARTE

Kompass Wanderkarte Nr. 26, Karwendelgebirge, 1:50.000

INFORMATION

Kurverwaltung, Dammkarstr. 3,
82481 Mittenwald, Tel.: 08823/33981,
Fax: 08823/2701,
E-Mail: info@markt-mittenwald.de,
Internet: www.mittenwald.de

Die herrliche Lage am westlichen Rand des Karwendelgebirges macht die Hochlandhütte zu einem beliebten Wander- und Übernachtungsziel. Mehrere Gipfel sowie andere Berghütten sind bequem von dort aus zu erreichen.
Der schönste Platz auf der Hochlandhütte ist die Bank vor dem Haus. In der Nachmittagssonne sitzend reicht der Blick hinunter nach Mittenwald, dahinter sieht man die Gipfel von Wettersteingebirge, Tannheimer Bergen und Ammergauer Alpen sowie vom Estergebirge. Dreht man den Kopf etwas nach links, blickt man direkt auf die steil abfallende Felswand der Westlichen Karwendelspitze, schaut man nach rechts, sind Wörnerspitze, Wörnerkopf, Schwarzkopf und Zunderweitkopf wie Orgelpfeifen nebeneinander aufgereiht. Man kann sich kaum satt sehen an diesem herrlichen Panorama.

Gemütliche Abgeschiedenheit Neben der herrlichen Aussicht kommen die Menschen auch gerne wegen der ruhigen und abgeschiedenen Lage auf die Hochlandhütte. Es gibt weder eine Zufahrtsstraße, auf der Fahrzeuge ihren störenden Lärm verbreiten, noch eine Seilbahn, die Heerscharen von Touristen heraufbringt. Lediglich drei verschiedene schmale Steige führen zur Hütte hinauf. Dadurch werden Mountainbiker selten dort oben angetroffen.

Von Mittenwald auf die Hochlandhütte Der kürzeste Anstieg zur Hochlandhütte ist über den Gassellahnbachweg, der am nördlichen Ende von Mittenwald unmittelbar an der Umgehungsstraße beginnt. Der Fahrweg geht zunächst am Gassellahnbach und später am Anderkarbach entlang bis zur Oberen Kälberalm. Von dort erreicht man die Hütte über einen steilen Steig.

Etwas weiter südlich führt ebenfalls ein Güterweg zum so genannten Bankle. Von dort kommt man auf einem sehr schönen Steig durch die Latschen mit guter Aussicht auf das Wettersteingebirge zur Hochlandhütte. Man ist etwa eine halbe Stunde länger unterwegs, hat aber gute Chancen, unterwegs einen Birkhahn zu entdecken. Der Steig nähert sich der Hütte von oben, im Sommer weiden hier etwa 500 Schafe.

Versorgung aus der Luft Da die Hochlandhütte aufgrund ihrer Lage weder mit Fahrzeugen zu erreichen ist noch über eine Materialseilbahn verfügt, bringt dreimal im Jahr ein Hubschrauber alle notwendigen Güter hinauf. Das ist immer wieder ein spannender Moment für die Wirtsleute, wenn die Transportkisten geöffnet werden. Sie können nur hoffen, nichts Wichtiges vergessen zu haben. Ansonsten ist die Hütte vollkommen unab-

HÜTTENPORTRÄT

HÖHE
1623 m

ERBAUT
1909, 1985 komplett renoviert (DAV-Sektion Hochland)

BEWIRTSCHAFTET
Täglich von Ende Mai bis zum zweiten Sonntag im Oktober

KULINARISCHER TIPP
Kaiserschmarrn

HÜTTENWIRTIN
Irmtraud Dressl-Kasy

TELEFON
0174/9897863

BETTEN
Keine

LAGER
40

MATERIALBESCHAFFUNG
Dreimal in der Saison per Hubschrauber

BESONDERHEIT
Sehr schöne Alleinlage mit gutem Fernblick

Aufstieg zur Hochlandhütte

TRADITIONELLER ALMABTRIEB

Im Herbst erfolgt der Abtrieb der Rinder, Schafe und Ziegen, die den ganzen Sommer über auf den Almen rund um Mittenwald waren. Wenn während des Sommers auf der Alm kein Tier zu Schaden kam, werden die Tiere bunt geschmückt mitten durch den Ort in ihre Ställe gebracht, anschließend trifft man sich mit den Almhirten im Wirtshaus, die dort von ihren Erlebnissen erzählen. Wann dieses große Ereignis stattfindet, erfährt man in der Kurverwaltung Mittenwald, Dammkarstr. 3, Tel.: 08823/ 33981, Internet: www.mittenwald.de.

Der Steig auf dem Weg zur Hochlandhütte

hängig: Der Strom wird über eine Fotovoltaik-Anlage erzeugt, das Trinkwasser aus einer Quelle aufbereitet, und gekocht wird mit Gas.

Die Geschichte vom Adler Auch ein Adler ist von Zeit zu Zeit in dem Revier um die Hochlandhütte zu sehen. Dazu erzählt der Hüttenwirt eine nette Geschichte: »Ausgerechnet an dem Tag, als ein amerikanischer Journalist als Gast zu Besuch auf der Hütte war, flog der mächtige Raubvogel ganz in der Nähe vorbei. Der Reporter notierte sich diese Beobachtung und schrieb sie später in einem Reisebuch über Deutschland nieder. Seitdem kommen jedes Jahr etliche Amerikaner vorbei und wollen den Adler sehen.« Der zeigt sich jedoch äußerst selten und nur mit sehr viel Glück bekommen ihn die Hüttengäste zu Gesicht.

Die Westliche Karwendelspitze Immer wieder schweift der Blick zur steil abfallenden Felswand der Westlichen Karwendelspitze, einem der imposantesten Gipfel der gleichnamigen Gebirgskette. Lange Zeit war die Herkunft des Namens »Karwendel« umstritten. Ursprünglich glaubte man, der Begriff stamme aus der Sprache der Veneter, die als erste das Gebirgstal bei Mittenwald besiedelten. Sie bezeichneten den Felsen als »Kar«. Später schrieb man die Herkunft einem Bajuwaren mit dem althochdeutschen Namen »Gerwntil« zu, was übersetzt »Speerschüttler« bedeutet. Er soll im Gebiet der heutigen Hochalm gelebt haben und zunächst nur dem dortigen Tal diesen Namen gegeben haben, der nach und nach auch auf die ganze Gebirgskette übergegangen ist.

Direkter Übergang zu fünf weiteren Hütten Am nächsten zur Hochlandhütte liegt die Dammkarhütte, die man in etwa zwei Stunden erreichen kann. Es gibt zwei Wege dorthin, die beide ungefähr gleich weit sind. Einmal geht man auf dem Steig durch den Latschenwald hinunter bis fast zum Bankle und dann in steilen Serpentinen wieder hinauf zur Dammkarhütte, die eindruckvoll unterhalb der Westlichen Karwendelspitze liegt. Wer trittsicher ist, kann kurz nach der Hochlandhütte auch einen schmalen Steig aufwärts nehmen, hinter dem Gipfel des Predigtstuhls queren und über ein Geröllfeld zur Dammkarhütte absteigen. Leider wird der Aufenthalt in der prächtigen hochalpinen Bergkulisse an manchen Tagen durch übende Bundeswehrsoldaten etwas getrübt, wenn sie nach einer Maß Bier auf der Terrasse lautstark über das Geröllfeld wieder zu Tal rutschen.

Weitere Hüttenziele Ebenfalls zwei Wege stehen zur Brunnsteinhütte zur Wahl, der Heinrich-Noé-Steig (5 Std.) und der Mittenwalder Höhenweg (Mittenwalder Klettersteig, 8 Std.). Beide sind aufgrund der überwältigenden Blicke in die Tiefe sehr reizvoll, erfordern aber alpine Erfahrung, Trittsicherheit und Schwindelfreiheit. Einfacher zu erwandern sind hingegen zwei weitere Hütten, die man über den Wörnersattel erreichen kann: Soiernhaus (5 ½ Std., siehe Seite 106) und Karwendelhaus (5 Std.).

Nach der Bergtour zum Baden Westlich von Mittenwald gibt es zwei idyllisch gelegene Badeseen, die sich für einen Ausklang der Wanderung anbieten: Zum Lautersee sind es von der Ortsmitte in Mittenwald etwa 45 Minuten zu Fuß, der Weg zum Ferchensee dauert ungefähr eine Dreiviertel Stunde länger. Beide Seen bieten von ihrem Ufer aus eine fantastische Aussicht auf das Karwendelgebirge.

25 MÖSLALM
Intakte Almwelt mit Sennerei

leicht 350 m 5 Std.

ANFAHRT
Gute Zugverbindungen von München nach Scharnitz. Mit dem Auto von München über Garmisch-Partenkirchen und Mittenwald nach Scharnitz. Im Ort nach der Isarbrücke links die Teerstraße Richtung Karwendeltäler bis zum Wanderparkplatz entlangfahren.

AUSGANGSPUNKT
Scharnitz

HÜTTENANSTIEG
Mit Rad oder Kinderwagen kann man den 12 Kilometer langen Fahrweg von Scharnitz zur Möslalm nehmen (zu Fuß 3 Std.). Kürzer ist der Nederweg auf der anderen Isarseite bis zur Gleirscher Klamm: Hier kann man entweder direkt zum Fahrweg aufsteigen oder die Klamm auf dem neu angelegten Steig durchwandern und taleinwärts auf die Hauptroute stoßen (2 3/4 Std.). Eine halbe Stunde länger dauert es vom Scharnitzer Bahnhof.

GIPFELZIELE
Hoher Gleirsch (2492 m, 3 Std.), Praxmarerkarspitze (2641 m, 5 Std., nur für Geübte), Rumerspitze (2453 m, 3 1/2 Std., nur für Geübte), Gleirschtaler Brandjoch (2374 m, 3 Std.), Mannlspitze (2364 m, 3 Std.), Hafelekarspitze (2334 m, 3 Std.), Vorderes Brandjoch (2559 m, 3 1/2 Std, nur für Geübte), Großer Solstein (2541 m, 4 Std.), Erlspitze (2405 m, 3 3/4 Std.).

KARTE
Kompass Wanderkarte Nr. 26, Karwendelgebirge, 1:50.000

INFORMATION
Verkehrsamt Scharnitz, Innsbrucker Str. 282, A-6108 Scharnitz, Tel.: 0043/521/352 70, Internet: www.discover.com/scharnitz

Die Möslalm verzichtet auf etwas, was in unserer zivilisierten Welt als selbstverständlich gilt: das Telefon. Wer also eines der 30 Schlaflager im angenehm luftigen Dachstuhl ergattern will, muss sich zuvor in Innsbruck über die freien Kapazitäten erkundigen. Während Einzelwanderer in der Regel auch spontan Quartier beziehen können, ist für Gruppen die Voranmeldung in der Tiroler Hauptstadt obligatorisch. Alternativ sind die Alpenvereinshütten Solsteinhaus und Pfeishütte rund zwei Gehstunden von der Möslalm entfernt.

Warum diese Alm? Obwohl die AV-Hütten bedingt durch die höhere Lage näher an die Gipfelziele heranreichen, haben wir bei unserer Tourenplanung in der Vergangenheit immer wieder der Möslalm für die Übernachtung den Vorzug gegeben. Denn die Alm strahlt etwas aus, was wir an vielen anderen Orten im Gebirge in unserer hektischen Zeit vermissen: Naturverbundenheit. Weder Gipfelziel noch Schrittfrequenz stehen hier

Beim Aufstieg zur Erlspitze taucht unvermittelt die Gipfelstürmernadel auf, die von Zeit zu Zeit Kletterer herausfordert.

im Vordergrund, sondern die Liebe zum Detail. Spätestens wenn ein paar rastlose Biker das Weite gesucht haben, kehrt in der Abenddämmerung eine angenehme Ruhe ein. Schneller als anderswo legt sich mit den Schatten die frische Waldluft über den Talkessel. Dann harren nur die Unverfrorenen auf der kühlen Terrasse aus.

Leckeres aus der Sennerei Die sympathische Hüttenfamilie Kircher sorgt für das Wohl der Gäste, und das bereits seit 1939. Die Alm selbst wurde in der heutigen Form zwischen 1850 und 1860 erbaut, doch ihre Gründung geht auf das 13. Jahrhundert zurück. Auf den weitläufigen Wiesen grasen 25 Milchkühe und 200 Jungrinder friedlich vor sich hin. Ein Großteil der frischen Milch wird täglich in der angrenzenden Sennerei zu Butter und Graukäse verarbeitet, der mit Zwiebeln, Essig und Öl besonders gut schmeckt und folgerichtig auf der Speisekarte steht. Ein weiterer kulinarischer Höhepunkt ist das Szegediner, ein herzhaftes Gulasch vom Schwein mit Sauerkraut. Früher wurde dafür das eine oder andere Hausschwein geopfert, doch als die EU das Verfüttern von Küchenabfällen verbot und ersatzweise Korn hätte eingekauft werden müssen, wurden die Tiere aus Kostengründen abgeschafft. Den Schreibtischtätern der EU ist es also zu verdanken, dass auf der Alm keine Grunztöne mehr zu vernehmen sind.

Donnergrollen über Frau Hitt Wer von der Möslalm auf Bergtour gehen will, sollte sich angesichts relativ großer Höhenunterschiede und Entfernungen früh auf die Socken machen. Die meisten Gipfelziele liegen in der so genannten Karwendel-Nordkette oder Inntalkette zwischen Pfeis-

HÜTTENPORTRÄT

HÖHE
1262 m

ERBAUT
1850 – 1860 (privat)

BEWIRTSCHAFTET
Von Pfingsten bis Anfang Oktober

KULINARISCHER TIPP
Szegediner Gulasch vom Schwein mit Sauerkraut, Graukäse aus der Almsennerei, angemacht mit Zwiebeln, Essig und Öl

HÜTTENWIRTE
Josef und Birgit Kircher

TELEFON
Kein Hüttentelefon. Übernachtungsgäste melden sich über die Taladresse an: Familie Kircher, Eggenwaldweg 51, A-6020 Innsbruck, Tel.: 0043/512/204604.

LAGER
30

MATERIALBESCHAFFUNG
Versorgungsweg von Scharnitz

In Sichtweite der Möslalm wurde eine kleine Kapelle errichtet.

RADELN IN DEN KARWENDELTÄLERN

Kaum eine andere Berggegend eignet sich für das Bike & Hike – die kombinierte Rad- und Wandertour – besser als das Karwendelgebirge. Wegen der kilometerlangen Talwege zieht sich der Anmarsch zu beliebten Hütten- und Bergzielen oft ziemlich in die Länge. Karwendelhaus, Hallerangeralm und die Möslalm etwa können von Scharnitz sternförmig mit dem Fahrrad angefahren werden. Auch der Transport ist kein Problem, weil die Züge nach Scharnitz über ein Fahrradabteil verfügen.

Auf dem Freiungen-Höhenweg steigt der Adrenalinpegel angesichts grandioser Landschaftswechsel immer wieder an.

hütte und Solsteinhaus. Geradezu einladend ist der direkt an der Alm beginnende Weg in das Klein-Kristental zum Frau-Hitt-Sattel; dieser wird zuletzt steil durch ein felsdurchsetztes Schuttkar erklommen – an kniffligen Stellen sind Drahtseile angebracht. Vom Sattel führt ein überaus schöner und im oberen Bereich luftiger Steig zum Gipfel des Vorderen Brandjochs hoch über dem Inntal.
Diesen famosen Aussichtsberg schaffte der Autor erst im fünften Anlauf: In der jugendlichen Sturm- und Drangzeit zwangen Eisfelder zur Aufgabe, beim zweiten Versuch sorgte ein furchterregendes Gewitter für die prompte Umkehr, wenige Jahre später hätte uns der Föhnsturm vom Grat geweht und der vierte Anlauf endete im Schlaflager der Möslalm, weil sich die nächtlichen Gewitter auch am Vormittag nicht verziehen wollten. Irgendwie schien sich die sagenumwobene Frau Hitt, ein kühner Felsturm am Frau-Hitt-Sattel, gegen die Besteigung zu verschwören. Albtraummäßig die Blitze, die an ihr niedergingen. Doch an einem schönen Frühsommertag war das kleine Trauma mit einem ungefährdeten Gipfelsieg endlich beseitigt.

Lokale Unwetter Gewitter setzen sich an der Nordkette häufiger fest als anderswo, weil das über 2000 Meter tiefer gelegene Inntal die Aufwinde und somit Wolkenbildung fördert. Bei instabiler Wetterlage treffen über den Gipfelkämmen warme und kühlere Luftmassen geballt aufeinander. Manchmal ertönt bereits Donnergrollen, wenn Innsbruck noch sichtbar in der Sonne leuchtet. Das sind dann jene Tage, an denen der Wetterbericht von lokalen Gewittern spricht.

Wandern im Solsteingebiet Nicht minder reizvoll ist das Tourengebiet rund um das Solsteinhaus, das man von der Möslalm entweder über das benachbarte Große Kristental oder – landschaftlich schöner, jedoch auch länger – vom Klein-Kristental über den Gipfelstürmerweg erreicht. Hausberg ist der Große Solstein, den man in weit ausholenden Serpentinen über die breite Schuttflanke besteigt.
Wer vom Gipfel nach Süden zur Magdeburger Hütte absteigt, kann über den Zirler Schützensteig – einen einfachen Klettersteig mit einem reizvollen Kamin – zum Solsteinhaus zurückkehren. Nördlich der Hütte wartet mit der Erlspitze ein weiteres lohnendes Bergziel. Grandios ist der Freiungen-Höhenweg zur Nördlinger Hütte, ein Karwendel-Klassiker, der seinesgleichen sucht. Diese Touren stellen ohne Zwischenübernachtung die Kondition auf die Probe, sind jedoch bei frühem Aufbruch von der Möslalm durchaus an einem Tag zu schaffen.

Einsamer Gipfelanstieg Wer es eher einsam mag, der möge sich am wenig begangenen, aber etwas mühsam zu besteigenden Hohen Gleirsch versuchen. Der Weg ist zwar nicht ganz einfach zu finden, doch bekommt man auf dieser Route mit etwas Glück Rehe oder Gämsen zu Gesicht. Von der Möslalm wandert man zunächst talaus in Richtung Amtssäge, zweigt dann rechts in den Wald und erreicht auf dem in Serpentinen angelegten Steig oberhalb der Waldgrenze eine Latschenmulde im Riegelkar. Hier darf man keinesfalls das Kar weiter emporsteigen, sondern wendet sich nach Westen dem Südgrat des Berges zu. Dieser wird in einer kleinen Einsattelung überschritten, bevor man über die Südwesthänge zum aussichtsreichen Gipfel gelangt. Der Berg stürzt mit mächtiger Wand in das Hinterautal ab.

26 PLEISENHÜTTE

Der Pleisen-Toni, ein Scharnitzer Urgestein

mittel 800 m 4–5 Std.

ANFAHRT
Gute Zugverbindungen von München nach Scharnitz. Mit dem Auto von München über Garmisch-Partenkirchen und Mittenwald nach Scharnitz. Im Ort nach der Isarbrücke links die Teerstraße Richtung Karwendeltäler bis zum Wanderparkplatz entlang fahren.

AUSGANGSPUNKT
Scharnitz

HÜTTENANSTIEG
Vom Wanderparkplatz talein in Richtung Karwendeltäler. Noch vor der Jausenstation Wiesenhof zweigt nach links ein Fahrweg ab (Wegweiser Pleisen). Auf diesem bzw. später auf einem schmaleren Weg zur Hütte. Nach Passieren des tiefen Wasserlegrabens kann auch auf einem schönen Steig abgekürzt werden (2 1/2 Std.). Eine halbe Stunde länger ist der Anstieg vom Scharnitzer Bahnhof.

GIPFELZIELE
Pleisenspitze (2569 m, 2 Std.), Breitgrieskarspitze (2590 m, 2 3/4 Std.), Kleine Seekarspitze (2613 m, 3 3/4 Std.), Große Seekarspitze (2677 m, 4 Std.)

KARTE
Kompass Wanderkarte Nr. 26, Karwendelgebirge, 1:50.000

INFORMATION
Verkehrsamt Scharnitz, Innsbrucker Str. 282, A-6108 Scharnitz, Tel.: 0043/521/35270, Internet: www.discover.com/scharnitz

Unendlich viel Schutt ist auf dem Weg zur Pleisenspitze zu bewältigen, doch am Ende ist jeder Schweißtropfen seine Mühe wert.

Wie aufregend muss es für einen jugendlichen Abenteurer sein, direkt an seinem Hausberg bislang unerforschte Höhlen aufzustöbern und sich in dunklen Gängen, Schächten und Labyrinthen nach Herzenslust auszutoben. Wenn er dann auch noch auf einen sensationellen Fund stößt und sich darüber hinaus mit dem Bau einer Hütte einen absoluten Traum erfüllt, wird er zwangsläufig zur Legende. Unglaublich, was ein zwar mächtiger, aber doch ganz gewöhnlicher Berg – die Pleisenspitze bei Scharnitz – für Geschichten schreiben kann. Geschichten, die Anton Gaugg bis weit über die Grenzen seiner Heimatgemeinde hinaus als »Pleisen-Toni« berühmt gemacht haben.

Immerhin bescherte der Pioniergeist des Pleisen-Toni dem Grenzort Scharnitz mit dem etwa 8000 Jahre alten Skelett einer Elchkuh eine wissenschaftliche Sensation. Dass es einst Bären und Wölfe in den langen Karwendeltälern gab, wusste man, aber dass hier die nordischen Elche röhrten, war bis dato niemandem bekannt. Heute ruht dieser großartige Fund als Herzstück im Scharnitzer Karwendelmuseum. Neben dem Fundort, der Vorderkarhöhle, erforschte der abenteuerlustige Bergführer an der Pleisenspitze noch weitere 13 Höhlen, darunter einen 120 Meter senkrecht in die Tiefe reichenden Eisschacht.

Wenn Träume in Erfüllung gehen Für derlei entlegene Abenteuer ist natürlich ein angemessener Stützpunkt recht, weshalb Anton Gaugg schon früh von einer eigenen Hütte träumte. Im Jahr 1953 erfüllte er sich schließlich seinen Jugendtraum und kaufte sich Land von der Gemeinde.

Einzige Auflage: Es durfte kein einziger Baum gefällt werden, weshalb der Zufahrtsweg um alle Bäume herum angelegt werden musste. Da keine Vermessungsgeräte vorhanden waren, zog er im Freigelände im Winter eine Skispur und riss einzelne Latschen an, um im Sommer die beste Trasse legen zu können. Die Hütte errichtete er aus eigener Kraft als Blockhaus, das entsprechende Handwerk hatte er im Krieg in Russland gelernt. Als die Hütte schließlich stand, wollten zunächst nur Freunde übernachten. Später besuchten jedoch immer mehr Bergsteiger die einzige private Schutzhütte im Karwendel.

Blick auf acht Gebirgsgruppen

Auch wenn die Wandermöglichkeiten am westlichen Ausläufer des fast 40 Kilometer langen Karwendel-Hauptkammes eingeschränkt sind, bietet die Hütte abseits der klassischen Routen doch einige Reize. Allein die privilegierte Aussicht auf acht Gebirgsgruppen – Karwendel, Stubaier Alpen, Ötztaler Alpen, Mieminger Berge, Wetterstein, Lechtaler Alpen, Verwallgruppe und Silvretta – sucht ihresgleichen. Großartig ist die Abendstimmung mit der untergehenden Sonne. Dazu die Ruhe, die man so intensiv auf kaum einer anderen Berghütte findet. Und wenn der Pleisen-Toni zufällig mal nach dem Rechten sieht und seine alten Karwendelgeschichten auftischt, herrscht in der Hüttenstube die gleiche urgemütliche Stimmung wie vor fünfzig Jahren. Die meiste Zeit hält er sich jedoch in Scharnitz auf, um sich dort um seine neue Lei-

HÜTTENPORTRÄT

HÖHE
1757 m

ERBAUT
1953 (privat)

BEWIRTSCHAFTET
Anfang Juni bis Mitte Oktober (ganzjährig an Wochenenden)

KULINARISCHER TIPP
Verschiedene Knödelgerichte, Kaiserschmarrn

HÜTTENWIRT
Sigfried Gaugg

TELEFON
0043/664/9158792

LAGER
39

MATERIALBESCHAFFUNG
Ein- bis zweimal pro Woche mit dem Geländewagen, im Winter Versorgung mit Ski (im Rucksack bis 25 kg)

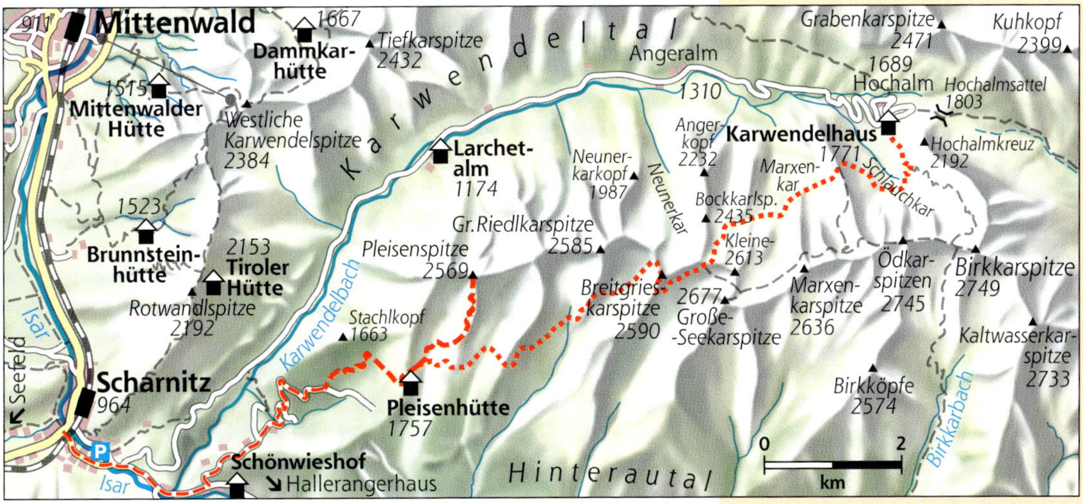

ZU BESUCH IM KARWENDEL-MUSEUM

Wie im Text erwähnt, stieß der Erbauer der Pleisenhütte, Anton Gaugg, bei seinen Höhlenabstechern auf ein uraltes Elchskelett. Dieser sensationelle Fund ist neben einem Stollen, einer nachgebauten Isarquelle und einigen Infotafeln im Karwendelmuseum von Scharnitz, Innsbrucker Straße 282 (Öffnungszeiten Mo–Fr 9–12.15 und 15–17 Uhr sowie Sa 9–12 Uhr), kostenlos zu bewundern.

denschaft zu kümmern: die Wander-CD. Tatsächlich ist er in seinem gehobenen Alter noch als Hitparaden-Star mit internationalen Wanderliedern in Erscheinung getreten. Das Hüttenmanagement überlässt er schon seit längerem seinem Sohn Sigfried mitsamt Familie, was der angenehmen Atmosphäre übrigens keinerlei Abbruch tut.

Grandioser Übergang zum Karwendelhaus Neben dem Hausberg, der Pleisenspitze, bietet sich von der Pleisenhütte eine noch weitgehend unbekannte Tour an: Die Überschreitung des Hauptkammes zum Karwendelhaus mit fünf Gipfeln an der Strecke bleibt bis heute ein Geheimtipp. Diese Route ist auf den alten Wanderkarten noch gar nicht eingezeichnet, wohl aber markiert. Je nach Gipfelehrgeiz und körperlicher Fitness dauert die Tour zwischen sieben und neun Stunden und führt anhaltend durch hochalpines Gelände. Wer gar die drei Ödkarspitzen überschreitet und durch das Schlauchkar zum Karwendelhaus absteigt, krönt diese Überschreitung noch. Da es unterwegs keine vernünftige Abstiegsmöglichkeit gibt, sollte die Tour bei Gewitterneigung unbedingt gemieden werden.

Aufstieg zur Pleisenspitze Etwas wetterunabhängiger ist die Besteigung der Pleisenspitze, auch wenn dieser Berg als Tagestour von Scharnitz mit 1600 Höhenmeter Steigung und sieben bis acht Stunden Gehzeit ebenfalls etwas mühsam ist und vor allem eine gute Kondition voraussetzt. Doch der Anstieg verläuft von der Pleisenhütte sehr direkt, sodass man bei aufkommendem Schlechtwetter rasch wieder zur Hütte zurückkehren kann.

Dazu wandert man stetig auf dem gut markierten Steig auf den bereits von unten sichtbaren Gipfel zu. Oberhalb der Hütte liegen im Vorderkar zwischen Schutt und Latschen übrigens jene Höhlen versteckt, die der Pleisen-Toni erkundet hat. Ortsunkundige werden sich jedoch schwer tun, sie zu finden. Das Vorderkar wird in Richtung des steil aufstrebenden Pleisengrates gequert. Dann zieht der Steig in der Bergflanke gnadenlos steil nach oben und erreicht schließlich den breiten Gratrücken; an heißen Sommertagen kommt man in diesem Bereich gehörig ins Schwitzen. Schließlich werden die letzten Meter wieder bequemer und mit einer Brise Wind meist angenehmer zum Gipfel zurückgelegt.

Pleisenspitze mit Gipfelkreuz

Die Pleisenspitze bildet den westlichen Abschluss des Karwendel-Hauptkamms.

Auf dem luftigen Gipfel heißt es nach schweißtreibendem Anstieg Kleider wechseln, um nicht auszukühlen.

27 HALLERANGERALM

Saftiges Grün und steiler Fels

mittel 800 m 8 Std.

ANFAHRT

Gute Zugverbindungen von München nach Scharnitz. Mit dem Auto von München über Garmisch-Partenkirchen und Mittenwald nach Scharnitz. Im Ort nach der Isarbrücke links die Teerstraße Richtung Karwendeltäler bis zum Wanderparkplatz entlangfahren.

AUSGANGSPUNKT

Scharnitz

HÜTTENANSTIEG

Vom Wanderparkplatz talein in Richtung Karwendeltäler und an der Jausenstation Wiesenhof vorbei zum Abzweig in das Hinterautal. Im Talschluss geht es auf Höhe der Kastenalm nun steiler hinauf durch das Lafatscher Tal zur Alm (4 1/2 Std.). Eine halbe Stunde länger ist der Anstieg vom Scharnitzer Bahnhof.

GIPFELZIELE

Sunntiger Spitze (2321 m, 1 1/2 Std.), Reps (2159 m, 1 1/4 Std.), Speckkarspitze (2621 m, 2 1/2 Std.)

KARTE

Kompass Wanderkarte Nr. 26, Karwendelgebirge, 1:50.000

INFORMATION

Verkehrsamt Scharnitz, Innsbrucker Str. 282, A-6108 Scharnitz, Tel.: 0043/521/35270, Internet: www.discover.com/scharnitz

Am Lafatscher Niederleger treffen wir auf Kühe. Im Hintergrund die Speckkarspitze.

Nur einen Steinwurf vom Hallerangerhaus entfernt liegt in privilegierter freier Lage auf einem Geländevorsprung die Hallerangeralm. Wenn auf die benachbarte Alpenvereinshütte bereits der Schatten fällt, sonnen sich die Almgäste noch auf der Terrasse und genießen die schöne Abendstimmung. Die saftig grünen Almwiesen bilden einen scharfen Kontrast zu den dunklen Wandabstürzen von Praxmarerkarspitze, Sonntagkarspitze, Lafatscher und Speckkarspitze. Vor allem die plattige Wand der Speckkarspitze flößt allerhand Respekt ein, der Berg scheint aus der Almperspektive schier unbezwingbar. Doch über den Nordost- bzw. Südostgrat ist der Gipfel von geübten Wanderern problemlos zu erreichen.

Langer Anmarsch aus dem Hinterautal So schön die Hallerangeralm gelegen ist, viele Wanderer empfinden den 19,5 Kilometer langen Anmarsch vom Talort Scharnitz als Nachteil. Im Hinterautal verläuft der Fahrweg über weite Strecken eben, dafür imponiert die wilde Flusslandschaft der jungen Isar. Lange Zeit glaubte man, die Isar würde an der Hallerangeralm entspringen, doch mittlerweile wurde als Quelle eine Stelle kurz vor Talschluss ausgemacht.
Wer sich den langen »Talhatscher« ersparen will, kann die Kastenalm kurz nach Passieren der Quelle übrigens relativ bequem mit einem ganz normalen Tourenrad erreichen. Am Eingang des im unteren Abschnitt steilen Lafatschertals lassen die meisten Radler ihr Vehikel stehen und setzen den Restanstieg zu Fuß fort.

Alternativer Anstieg Etwas kurzweiliger wäre der Anstieg vom Halltal über die Herrenhäuser und das Lafatscher Joch, doch müsste man in diesem Fall die deutlich längere Anfahrt über das Inntal in Kauf nehmen. Weiter nördlich zieht das Vompertal direkt vom Inntal zum Überschalljoch oberhalb der Hallerangerweiden empor, doch führt dieser kaum begangene Weg zum Teil abenteuerlich durch Schluchtgelände. Im »Grand Canyon« des Karwendels hat sich mancher ortsunkundige Wanderer schon böse verlaufen.

Stützpunkt für Mehrtagestouren Als Tagestour ist die Hallerangeralm nur von Scharnitz in Kombination mit dem Fahrrad lohnenswert. Wanderer hingegen sollten zwecks aktiver Erholung in der großartigen Landschaft unbedingt mindestens zwei Tage einplanen. Auf diese Weise kann man die Speckkarspitze erklimmen – was sich allein wegen der fulminanten Fernsicht auf das Gletscherpanorama südlich des Inntals lohnt – und die Tour eventuell mit dem Höhenweg zu einer weiteren Hütte fortsetzen: Wahlweise zur Bettelwurfhütte mit der Gipfeloption Großer Bettelwurf oder auf dem Wilde-Bande-Steig über das Stempeljoch zur Pfeishütte; von Letzterer kann man über die Möslalm wieder nach Scharnitz und zur Isar absteigen.

HÜTTENPORTRÄT

HÖHE
1770 m

ERBAUT
Vor ca. 300 Jahren (privat)

BEWIRTSCHAFTET
Anfang Juni bis Mitte Oktober

KULINARISCHER TIPP
Tiroler Hausmannskost wie z.B. Kasknödel und Kaiserschmarrn

HÜTTENWIRTE
Familie Horst Schallert

TELEFON
0043/5213/5277 (Winter: 0043/5213/5119)

BETTEN
28

LAGER
50

MATERIALBESCHAFFUNG
Fahrweg von Scharnitz

Abstieg von der Speckkarspitze Richtung Halleranger. Gleich erreichen die beiden Wanderinnen die steile Schuttrinne.

28 SOIERNHAUS
Ein kühles Bad im See

mittel 800 m 5 Std.

ANFAHRT
Gute Zugverbindung von München nach Klais, dort in den RVO-Bus nach Krün umsteigen oder zu Fuß über den Grubsee und Barmsee nach Krün (1 Std.). Mit dem Auto von München über Garmisch-Partenkirchen oder den Walchensee nach Krün, Parkplatz am östlichen Ortsausläufer nach Überqueren der Isarbrücke.

AUSGANGSPUNKT
Krün

HÜTTENANSTIEG
Von Krün auf der Forststraße über die Fischbachalm zum Talschluss, von dort auf dem breiten Steig zur Hütte (2 3/4 Std.); die alpine Variante führt über den Lakaiensteig hinauf (3 Std.).

GIPFELZIELE
Schöttelkarspitze (2050 m, 1 Std.), Feldernkopf (2071 m, 1 1/2 Std.), Reißende-Lahn-Spitz (2209 m, 1 1/4 Std.), Soiernspitze (2257 m, 1 3/4 Std.), Gumpenkarspitze (2010 m, 1 Std.), Gipfelrunde ohne Gumpenkarspitze 5 Std.

KARTE
Kompass Wanderkarte Nr. 26, Karwendelgebirge, 1:50.000

INFORMATION
Kurverwaltung Mittenwald,
Dammkarstr. 3, 82481 Mittenwald,
Tel:. 08823/33981, Fax: 08823/2701,
E-Mail: info@markt-mittenwald.de,
Internet: www.mittenwald.de

Der Soiernsee lädt an heißen Sommertagen durchaus zum Bade.

Blütenpracht ist vor allem im Frühsommer zu genießen.

»Evi, dein Kaiser ist fertig«, tönt es aus dem Lautsprecher der Hüttenterrasse. Auf diese Weise wird die hungrige Evi höflich gebeten, sich ihr bestelltes Essen abzuholen. Wenn vor allem am Wochenende Betrieb herrscht, ist der Lautsprecher ein bewährtes Rezept, damit die Küche effizienter arbeiten kann. Und Wolfgang Ziemer, seit 18 Jahren Hüttenwirt, findet auf diese Weise gelegentlich Zeit, auf der engen Terrasse mit seinen Gästen zu plaudern. Da sich die Plauener Vergangenheit nicht ganz leugnen lässt, mischen sich beim Erzählen sächsische und bayerische Sprachelemente zu einem köstlichen Sprachmix zusammen.

Die Geschichte vom eigensinnigen Pfarrer Eine seiner Lieblingsgeschichten handelt von einem 80-jährigen pensionierten Pfarrer, der sich einst im Herbst auf der Hütte zur Übernachtung angemeldet hatte. Als er am Abend noch nicht angekommen war, alarmierte der Hüttenwirt die Bergwacht. Später kamen zwei Wanderer und erzählten von einem alten Mann, der sie in Gipfelnähe der Schöttelkarspitze um etwas Brot gebeten habe; er wolle dort die Nacht verbringen, die trotz des milden Föhnwinds recht kalt zu werden versprach. Schließlich holte der Hubschrauber der Bergwacht den unterkühlten Mann in den frühen Morgenstunden vom Berg, was dieser partout nicht einsah. Auf diversen Nachbarhütten erzählte er später, dass ihn die Bergwacht gegen seinen Willen geborgen habe.
Nach wenigen Tagen traute der Hüttenwirt seinen Augen nicht, als er den Pfarrer in der Mittagswärme vor seiner Hütte auftauchen sah – doch nicht etwa in normaler Wandermontur, sondern im Pyjama. Zur allgemeinen Verblüffung hatte der eigenwillige Gast die Erklärung parat, sein Schlafanzug sei aus Seide und würde ihn vor der Wärme besser schützen als jedes Bergsteigerhemd.

Auf Gipfeltour oder doch in den See? Wir erreichten das Soiernhaus ohne Seidenpyjama an einem der Hitzetage des legendären Sommers 2003, sodass uns die Lust an der Besteigung der Hüttenberge Schöttelkarspitze bzw. Soiernspitze bereits während des schweißtreibenden Aufstiegs vergangen war. Das heiße Wetter verleitete uns vielmehr dazu, nach dem Verzehr von Kaiserschmarrn und einiger kühler Getränke von der Hütte in die Mulde des schuttreichen Bergkessels abzusteigen und dort im westlichen Soiernsee ein ausgiebiges Bad zu nehmen. Die Wassertemperatur betrug in etwa 16°C, was in Anbetracht der überhitzten Körper sprichwörtlich dem Sprung ins kalte Wasser gleichkam. Andere Wanderer legten sich in Badesachen ans Ufer oder fuhren Boot. Badeseeidylle vor imposanter Bergkulisse.

Eine Paradetour Die beiden Soiernseen liegen inmitten eines zweigeteilten Kessels, um den sich Schöttelkarpitze, Feldernkopf, Reißende-Lahn-Spitz, Soiernspitze und Gumpenkarspitze fast kreisförmig gruppieren. Nur an einem kleinen Durchschlupf unterhalb der Hütte öffnet sich der Kessel nach Norden. Die Umwanderung des Soiernkessels mit der partiellen Überschreitung der Gipfel ist ungemein lohnend und stellt die Paradetour im Soierngebiet dar; von oben werden einem die Ausmaße des gewaltigen Bergkessels erst richtig bewusst. Unterwegs bieten sich zudem schöne Einblicke in das Isartal bei Mittenwald und Krün sowie in das Karwendel- und Wettersteingebirge. Noch schöner ist allerdings die Soiernspitze selbst, die aus der Hüttenperspektive wie eine riesige Pyramide in den Himmel ragt.

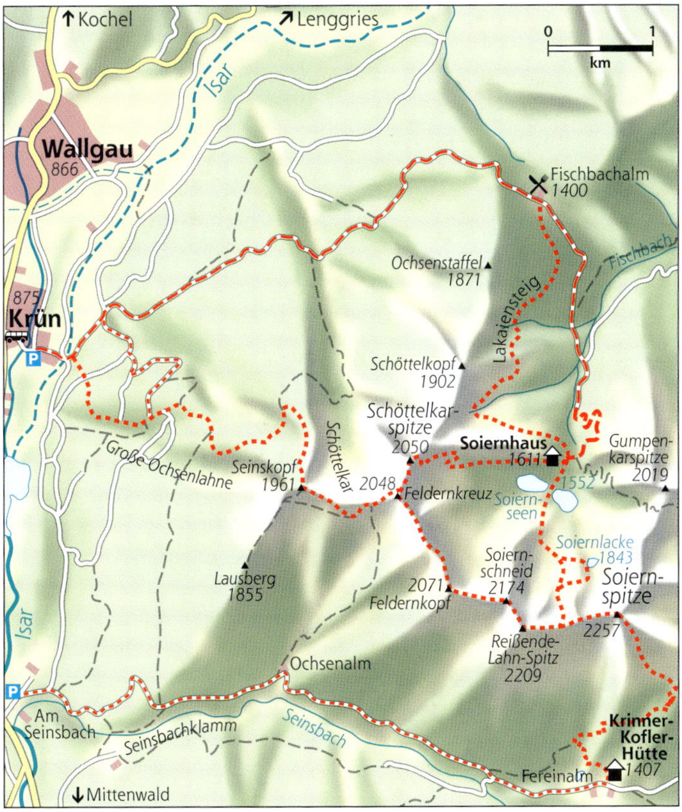

HÜTTENPORTRÄT

HÖHE
1611 m

ERBAUT
1866, umgebaut 1968 (DAV-Sektion Hochland)

BEWIRTSCHAFTET
15. Mai bis 15. Oktober

KULINARISCHER TIPP
Schmackhafte Hüttenkost

HÜTTENWIRTE
Heidi und Wolfgang Ziemer

TELEFON
0171/5465858, Tal: 08825/1429

LAGER
65

MATERIALBESCHAFFUNG
Auf dem Fahrweg von Krün bis zum Ende des Fischbachtals, dann mit Materialseilbahn

BESONDERHEIT
Solaranlage seit Ende der 1980er-Jahre

29 TUTZINGER HÜTTE

Neue Hütte, neuer Wirt

mittel 700 m 5 Std.

ANFAHRT

Mit der Bahn von Tutzing stündlich Richtung Kochel am See, Bahnhof Benediktbeuern oder Kochel; alternativ mit der Bayerischen Oberlandbahn nach Lenggries. Mit dem Auto auf der A95 Richtung Garmisch-Partenkirchen, Ausfahrt Sindelsdorf, weiter auf der Bundesstraße nach Benediktbeuern zum Wanderparkplatz in Gschwendt bzw. nach Kochel; Lenggries bzw. Obergries ist über Bad Tölz erreichbar.

AUSGANGSPUNKTE

Benediktbeuern (Ortsteil Gschwendt), Kochel, Lenggries

HÜTTENANSTIEG

Vom Bahnhof in Benediktbeuern nach Gschwendt und durch das Lainbachtal empor (3 Std.); vom Wanderparkplatz in Gschwendt ist der Anstieg eine halbe Stunde kürzer. Von Kochel führt ein Weg über die Glaswandscharte zur Hütte (4 1/2 Std.). Noch weiter sind die Anstiege von Lenggries bzw. Obergries durch das Längental über Probstalm und Rotöhrsattel (5 Std.).

GIPFELZIELE

Brandköpfl (1442 m, 1/2 Std.), Benediktenwand (1800 m. 1 1/2 Std.), Achselköpfe (1707 m, 1 1/2 Std.), Probstenwand (1618 m, 1 Std.), Latschenkopf (1712 m, 2 Std.), Brauneck (1555 m, 3 Std.).

KARTE

Kompass Wanderkarte Nr. 182, Isarwinkel, 1:50.000

INFORMATION

Verkehrsamt Benediktbeuern, Prälatenstr. 3, 83671 Benediktbeuern, Tel.: 08857/248, Fax: 08857/9470, E-Mail: vamt@benediktbeuern.de, Internet: www.benediktbeuern.de

Obwohl die Tutzinger Hütte erst im Jahr 1908 eingeweiht wurde, feierte man bereits im Mai 2003 ausgiebig mit Reutberger Klosterbier den 100-jährigen Geburtstag. Vermutlich besann man sich darauf, dass die Idee, eine Alpenvereinshütte zu gründen, bereits 1903 von sieben Tutzinger Bergfreunden im damaligen Hotel Simson geboren wurde. Der königliche Eisenbahn-Oberexpeditor Kaspar Höfling segnete zwar noch im gleichen Jahr den Bau der Hütte am Standort des königlich-bayerischen Heeres direkt unter den Nordwänden der Benediktenwand ab. Doch erst fünf Jahre später war das Werk nach größeren finanziellen Klimmzügen vollendet.

Abriss und Neubau Heute präsentiert sich die Tutzinger Hütte in einem anderen, moderneren Outfit. Die alten Gemäuer wurden zur Jahrtausendwende abgerissen und bis Ende 2000 durch einen neuen, umweltverträglichen Holzbau ersetzt. Mit der neuen Hütte wurde auch gleich ein Pächterwechsel vollzogen. Zum Zuge gekommen ist der einheimische Hans Mayr, der sich für die Küche mit Lebensmitteln aus der Landwirtschaft seines Bruders eindeckt.

Aufstieg durch das Lainbachtal Aus allen Himmelsrichtungen führen Wege zur Tutzinger Hütte, doch die Talorte liegen mindestens 8 Kilometer von der Hütte entfernt. Der kürzeste Anstieg verläuft von Gschwendt bei Benediktbeuern durch das Lainbachtal, in dem ein auf-

Ein schöner Anstieg führt von Benediktbeuern durch das Lainbachtal zur Tutzinger Hütte.

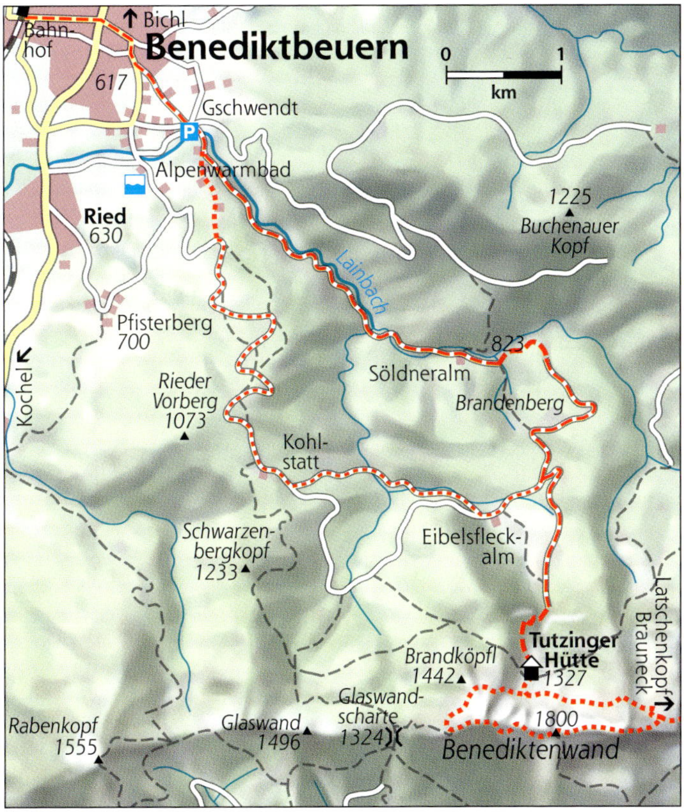

schlussreicher Naturlehrpfad auf zehn Tafeln über den Lebensraum sowie geologische Faktoren rund um den Wildbach informiert. Hinter der Söldneralm wird der bis dato flache Weg merklich steiler, bis man auf einen Fahrweg stößt, der einen nach Süden auf die Benediktenwand zuführt. Am Ende des Fahrwegs beginnt an der Talstation der Materialseilbahn der schattige Schlussanstieg. Tagesgäste wählen nach der Hüttenrast gerne den Abstieg über die Eibelsfleckalm und die Kohlstatthütte, um per Rundweg zum Ausgangsort zurückzukehren. Hierfür muss man an der Almwiese unter der Materialseilbahn den Wegweiser »Benediktbeuern über Kohlstatt« beachten. Wer Näheres über den Wald erfahren will, kann sich an den Infotafeln des Waldlehrpfads schlau machen.

Die Besteigung der Benediktenwand Noch reizvoller als der informative Naturlehrpfad ist die Besteigung der Benediktenwand. Kühn erhebt sich der stolze Berg über dem Alpenvorland, und da die beiden Anstiege elegant um die mächtige Wand herumführen, stellt die Tour den trittsicheren Wanderer vor keinerlei Probleme. Von der Hüttenterrasse lässt sich der Tourenverlauf studieren: Wer die steilen, drahtseilgesicherten Passagen lieber im Aufstieg bewältigt, geht den Berg von der Ostseite an. Der gut markierte Steig führt von der Hütte zum Rotöhrsattel oberhalb der Probstalm; in diesem Gebiet lassen sich mit etwas Glück Steinböcke beobachten. Nach kurzen Kraxelstellen erreicht man den Gipfel auf dem Ostgrat, bevor der Abstieg in weitem Bogen über die Westseite zurück zur Hütte führt. Weil die »Benewand« die umliegenden Berge überragt, ergibt sich in alle Himmelsrichtungen eine hervorragende Aussicht.

HÜTTENPORTRÄT

HÖHE
1327 m

ERBAUT
1907/8, 2000 Neubau (DAV-Sektion Tutzing)

BEWIRTSCHAFTET
Nach Weihnachten und an Ostern; letztes Aprilwochenende bis Anfang November

KULINARISCHER TIPP
Gerichte aus einheimischer Landwirtschaft

HÜTTENWIRT
Hans Mayr

TELEFON
0175/1641690, Tal: 08857/210

BETTEN
25

LAGER
75 (inkl. Anbau)

MATERIALBESCHAFFUNG
Auf der Fahrstraße von Benediktbeuern und per Materialseilbahn

Gute Figur in luftiger Höh: Drahtseile beim Aufstieg zur Benediktenwand

30 HERZOGSTANDHÄUSER

Die Berghütte des Märchenkönigs

mittel 700 m 3:30 Std.

ANFAHRT

Stündliche Verbindung mit der Bahn von München nach Kochel. Von dort fährt alle zwei Stunden der RVO-Bus Nr. 9610 Richtung Garmisch-Partenkirchen, Ausstieg ist »Kesselberg-Passhöhe«. Mit dem Auto nimmt man die Autobahn A 95 München–Garmisch-Partenkirchen, Ausfahrt Murnau/Kochel. Von dort sind es 9 km nach Kochel am See und weitere 5 km auf der B 11 bis zur Passhöhe am Kesselberg. Der Parkplatz ist gleich rechts nach der ersten abwärts führenden Kehre. Alternativ kann man auch an der Talstation der Herzogstandbahn parken.

AUSGANGSPUNKT

Parkplatz hinter der Kesselberghöhe oder Talstation der Herzogstandbahn

HÜTTENANSTIEG

Mit Kinderwagen oder Mountainbike über den Güterweg von der Kesselberghöhe (Weg Nr. 441, 2 Std.); von der Talstation der Herzogstandbahn über einen stellenweise steilen Steig (2 1/2 Std.)

GIPFELZIELE

Herzogstand (1731 m, 3/4 Std.); Heimgarten (1790 m, 1 1/2 Std.)

KARTE

Kompass Wanderkarte Nr. 7, Murnau – Kochel – Staffelsee, 1:50.000

INFORMATION

Tourist-Information, Ringstraße 1,
82432 Walchensee, Tel.: 08858/411,
Fax: 08858/275,
E-Mail: touristinfo@walchensee.net,
Internet: www.walchensee.de

Von den Herzogstandhäusern ist es nicht mehr weit zum Gipfel.

Schon König Ludwig II. wusste um die Vorteile des Herzogstands: Er ist gut zu erreichen und bietet vom Gipfel einen fantastischen Rundblick. Kein Wunder, dass er dort seine Jagdhütte bauen ließ. Auch heute noch zählen die Herzogstandhäuser zu den beliebtesten Bergzielen des bayerischen Alpenvorlands.

Ursprünglich hieß der Berg am Walchensee Farchenberg. Der Name »Herzogstand« geht auf Herzog Wilhelm von Bayern und seinen Bruder Herzog Ludwig zurück, die im 16. Jahrhundert hier häufig zum Jagen hergekommen sind. Berühmtheit hat der Herzogstand schließlich durch König Ludwig II. erlangt. Der Märchenkönig wählte ihn zu seinem Lieblingsberg und wollte anfangs direkt auf dem Gipfel eine Hütte errichten lassen. Erst durch langes Zureden der bergerfahrenen Einheimischen ließ er sich davon überzeugen, dass die ungeschützte Gipfellage für ein Domizil ungeeignet sei. So entstand 1865 etwas darunter das so genannte Königshaus, in dem der König mindestens 22-mal gewesen sein soll.

Wechselnde Eigentümer Nach dem Tod Ludwigs II. ging das Haus in den Besitz des Freistaats Bayern über. Dieser verpachtete es an den Deutschen Alpenverein, der seinerseits ein Übernachtungshaus anbaute. 1958 erwarb dann die Familie Hartl aus Benediktbeuern die Herzogstandhäuser. Als Willi Hartl 1978 auf dem Güterweg tödlich verunglückte, übernahm die Familie Zauner aus Kochel den Besitz und bewirtschaftet ihn nun in der zweiten Generation. In ihre Zeit fiel auch das verheerende Feuer, dem der Gebäudekomplex vollständig zum Opfer fiel.

Der Großbrand am 19. November 1990 Aus dem Bericht der Feuerwehr Kochel erfahren wir Einzelheiten über die Ereignisse in jener Nacht, in der die Herzogstandhäuser bis auf die Grundmauern niederbrannten. Um 23.23 Uhr ging der Alarm ein, dass in der Küche des Herzogstandhauses ein Feuer ausgebrochen sei. Als kurz darauf die beiden Löschfahrzeuge an der Talstation der Herzogstandbahn eintrafen, mussten die Feuerwehrleute entsetzt feststellen, dass alle Sessel der Bahn ausgebaut waren, da diese gerade technisch überholt wurde. Als einziger Ausweg blieb die Materialseilbahn, mit der allerdings innerhalb von 20 Minuten nur drei Mann ohne schweres Gerät hinaufgebracht werden konnten. Nach einer Stunde waren so gerade mal neun Feuerwehrleute auf dem Berg, die von der Seilbahn aus ihre Löschgeräte durch den Schnee zum Einsatzort tragen mussten.
Die Löschversuche der Männer waren vergebens, zumal kaum Wasser zur Verfügung stand. Da die Fahrzeuge auch über den Güterweg wegen der hohen Schneedecke nicht hinaufkamen und wegen der Dunkelheit keine Hubschrauber eingesetzt werden konnten, mussten die meisten Feuerwehrleute von unten hilflos zusehen, wie die Herzogstandhäuser vollständig niederbrannten. Der Feuerschein war weithin im Oberland zu sehen.

Die neuen Herzogstandhäuser Schon im darauffolgenden Frühjahr machte man sich daran, die Häuser wieder aufzubauen. Heute findet man geschmackvoll eingerichtete moderne Räume vor, an den Wänden erinnern zahlreiche verblichene Bilder und Gemälde an die alte Zeit. Fotos aus jüngster Zeit zeigen, dass auch etliche Prominente die Herzogstandhäuser besuchen, allen voran der bayerische Ministerpräsident Edmund Stoiber, in dessen Wahlkreis der Herzogstand liegt.

Zwei verschiedene Wege vom Walchensee Oberhalb von Urfeld beginnt ein bequem zu gehender Güterweg (Nr. 441) hinauf zum Herzogstand, der ebenso von Mountainbikern bzw. mit dem Kinderwagen benutzt werden kann. Zunächst mit Blick auf den Walchensee, später auch auf das Oberland wandert man gemütlich nach oben. Etwa nach zwei Drittel des Wegs wird ein Bergrücken überschritten, anschließend sieht man

HÜTTENPORTRÄT

HÖHE
1573 m

ERBAUT
1992 nach Brand neu errichtet (privat)

BEWIRTSCHAFTET
Täglich ganzjährig außer vom 10. November bis 20. Dezember

KULINARISCHER TIPP
Schweinsbraten, Kaiserschmarrn

HÜTTENWIRT
Siegfried Zauner

TELEFON
08851/234

BETTEN
34

LAGER
50

MATERIALBESCHAFFUNG
Mit der Herzogstandbahn und über Güterweg von der Kesselberghöhe

FAHRT MIT DER HERZOG-STANDBAHN

Die Sesselbahn überbrückt täglich von 9 bis 16.15 Uhr die 800 Höhenmeter auf den Fahrenbergkopf (1600 m); die Bergstation befindet sich ganz in der Nähe des Herzogstandhauses. Weitere Informationen unter Tel.: 08858/236 oder unter www.herzogstandbahn.de im Internet.

den Gipfel samt Herzogstandhäusern vor sich. Alternativ bietet sich die Route über einen schmalen Steig an, der direkt an der Talstation der Herzogstandbahn beginnt und zunächst in engen Serpentinen steil durch den Wald hinaufführt. Nach Überquerung des Wassergrabens geht es dann in einer weiten Schleife zu den Herzogstandhäusern.

Der Weg auf den Gipfel Schon von den Herzogstandhäusern ist der Steig zum Gipfel des Herzogstands gut zu erkennen. Zunächst quert man fast eben die Ostseite des Martinkopfs, anschließend geht es in weiten Serpentinen durch den Latschenwald hinauf.

Herrliche Aussicht Der Blick vom Gipfel ist überwältigend, direkt unter uns liegt der Walchensee mit seiner tiefblauen Wasseroberfläche, dahinter baut sich das Karwendelgebirge auf und weiter Richtung Süden sieht man bei guter Fernsicht die Tauern mit Großglockner und Venediger. Südwestlich kann man das Wettersteingebirge mit der Zugspitze erkennen sowie etwas versetzt die Stubaier Gletscher. Richtung Westen sieht man den Heimgarten und im Hintergrund die Ammergauer und Allgäuer Berge. Im Osten steht der Jochberg in nächster Nähe, dahinter kommt die Benediktenwand, dann die Tegernseer Berge und in der Ferne die Rofanspitze und der Wilde Kaiser. Im Alpenvorland schließlich die oberbayerische Seenplatte mit Kochel- und Staffelsee, im Norden Starnberger See und Ammersee und am Horizont die Großstadt München.

Das Denkmal erinnert an die Besuche von König Ludwig II.

ERFRISCHENDES BAD IM WALCHENSEE

In Urfeld beginnt beim Hotel Post ein schöner Wanderweg am Nordostufer des Walchensees entlang. An diesem Weg locken auch einige schöne Badestellen. Doch Vorsicht, das Wasser des Walchensees ist – wie es sich für einen Gebirgssee gehört – ordentlich kühl.

Vom Herzogstand zum Heimgarten Wer genügend Zeit hat und über Trittsicherheit und Schwindelfreiheit verfügt, kann direkt vom Gipfel auf einem der schönsten Gratwege in den Voralpen hinüber zum Heimgarten wandern. Der Steig ist durch Drahtseile gesichert, die Etappe dauert etwa eineinhalb Stunden. Vom Heimgarten kommt man in zweieinhalb Stunden über die Ohlstädter Alm zum Grünen Sattel und über einen erneuten leichten Anstieg zurück zur Talstation der Herzogstandbahn.

Der Weg zum Gipfel des Herzogstand zieht sich in Serpentinen hinauf.

31 WEILHEIMER HÜTTE (KROTTENKOPFHAUS)

Zugang aus zehn verschiedenen Richtungen

schwer 1250 m 5:30 Std.

ANFAHRT

Stündliche Verbindung mit der Deutschen Bahn von München in Richtung Garmisch-Partenkirchen mit Halt in Eschenlohe, Oberau und Farchant. Vom Bahnhof in Garmisch-Partenkirchen besteht Busverbindung nach Krün und Wallgau. Mit dem Auto fährt man von München über die A 95 nach Eschenlohe und weiter auf der B 2 in Richtung Garmisch-Partenkirchen–Mittenwald.

AUSGANGSPUNKTE

Eschenlohe, Oberau, Farchant, Garmisch-Partenkirchen, Kaltenbrunn, Krün und Wallgau

HÜTTENANSTIEG

Von Eschenlohe über Güterweg und Pustertaleck (4 1/2 Std.); von Oberau über Oberauer Steig (3 Std.); von Farchant über Oberauer Steig (3 1/4 Std.) oder über Hoher Fricken (4 1/4 Std.); von Garmisch-Partenkirchen über Esterbergalm (4 Std.) oder mit der Wankbahn über Wankgipfel (2 3/4 Std.); von Kaltenbrunn über Kaltwassergraben (4 1/2 Std.); von Krün über Güterweg und Alter Wank (5 1/2 Std.) oder über Krüneralm und Krüner Steig (5 Std.); von Wallgau über Wildsee und Walchenseer Steig (5 Std.).

GIPFELZIELE

Oberer Rißkopf (2049 m, 1/4 Std.); Krottenkopf (2086 m, 1/2 Std.); Hoher Fricken (1940 m, 1 1/2 Std.); Bischof (2033 m, 1 3/4 Std.).

KARTE

Kompass Wanderkarte Nr. 5, Wettersteingebirge - Zugspitzgebiet, 1:50.000

INFORMATION

Tourismus-Service Zugspitzland, Schmiedeweg 10, 82496 Oberau, Tel.: 08824/93973, Fax: 08824/8890, E-Mail: info@oberau.de, Internet: www.zugspitzland.de

Mit dem Mountainbike ist der Güterweg von Krün in kurzer Zeit zurückgelegt.

Sie liegt mitten im Estergebirge und verfügt über insgesamt zehn unterschiedliche Anstiege, die sich wie in einem Spinnennetz von allen Richtungen auf die Hütte zu bewegen.

Wer etwas später dran ist beim Aufstieg zur Weilheimer Hütte (oder Krottenkopfhaus), begegnet kurz vor dem Ziel nicht selten den ersten Wanderern, die sich bereits wieder im Abstieg befinden. Wenn man ins Gespräch kommt, geht es meistens darum, welchen Anstieg die Entgegenkommenden gewählt haben, welche Abstiegsroute man selbst eingeplant hat und wie man im Tal wieder zurück an den Ausgangpunkt kommt. Wer die Weilheimer Hütte besucht, wählt gerne verschiedene Routen für den Auf- und Abstieg, denn die Überschreitung des Estergebirges zählt zu den schönsten Touren im Voralpenland, wobei die Ausgangs- und Zielorte bis zu 20 Kilometer und mehr auseinander liegen können.

Im Aufstieg kurz vor der Weilheimer Hütte

Die Qual der Wahl Allgemein kann man die Wege zur Weilheimer Hütte in verschiedene Kategorien einteilen: Von Eschenlohe und Oberau geht es größtenteils steil und über alpines Gelände hinauf, im Frühjahr und Herbst ist es vormittags meist schattig. Am kürzesten und weitgehend in der Sonne ist der Weg vom Wankgipfel über die Esterbergalm. Die Nachmittagssonne genießen die Abstiege nach Wallgau und Krün. Für Mountainbiker gibt es die Güterwege von Garmisch-Partenkirchen bzw. Krün zur Esterbergalm und von dort weiter zu Fuß oder sie fahren auf dem Güterweg von Eschenlohe zur Kuhalm und wandern von dort unterhalb der Hohen Kisten vorbei.

Freier Blick nach allen Seiten Von der Weilheimer Hütte bietet sich ein herrlicher Rundumblick, der an Tagen mit sehr guter Fernsicht nach Norden bis zur Stadt Augsburg reicht und im Süden bis zum Großvenediger. Ein weiterer Vorteil ist die Nähe von Oberem Rißkopf (2049 m, $\frac{1}{4}$ Std.) und Krottenkopf (2086 m, $\frac{1}{2}$ Std.). Wer auf der Weilheimer Hütte übernachtet, hat das seltene Glück, bis zum Sonnenuntergang auf einem der Gipfel bleiben zu können. Frühaufsteher kommen zudem in den Genuss eines unvergesslichen Sonnenaufgangs, wenn sie in der Morgendämmerung auf die Spitze des Krottenkopfs steigen.

Die Kraft des Windes Aufgrund ihrer exponierten Lage ist die Weilheimer Hütte relativ stark dem Wind ausgesetzt. Der Hüttenwirt nutzt das aus, indem er einen Teil der elektrischen Energie mit einem Windrad erzeugt. Scheint hingegen die Sonne, kommt der Strom aus der Fotovoltaik-Anlage.

Eldorado für Tiere Auf den weitläufigen Almen rund um die Weilheimer Hütte stehen im Sommer rund 250 Schafe und über 500 Stück Jungvieh auf der Weide. In den Felsen sind häufig Gämsen unterwegs, während die scheuen Auerhähne, Birkhähne und Schneehühner meist nur von weitem zu sehen sind, wenn sie beim Annähern von Menschen erschreckt davonfliegen. Erschreckend für Wanderer sind hingegen Übungsflüge eines Bundeswehrhubschraubers, der insbesondere im Spätherbst in dieser schönen Landschaft einen ohrenbetäubenden Lärm veranstaltet.

HÜTTENPORTRÄT

HÖHE
1995 m

ERBAUT
1894, 1934 erweitert (DAV-Sektion Weilheim)

BEWIRTSCHAFTET
Täglich von Pfingsten bis Kirchweih (Mitte Oktober)

KULINARISCHER TIPP
Suppen und Eintopfgerichte

HÜTTENWIRTE
Martina und Christian Weiermann

TELEFON
0170/2708052

BETTEN
8

LAGER
56

MATERIALBESCHAFFUNG
Materialseilbahn vom Ende des Güterwegs am Alten Wank

BESONDERHEIT
Energieerzeugung mittels Windrad und Fotovoltaik, Gipfelnähe

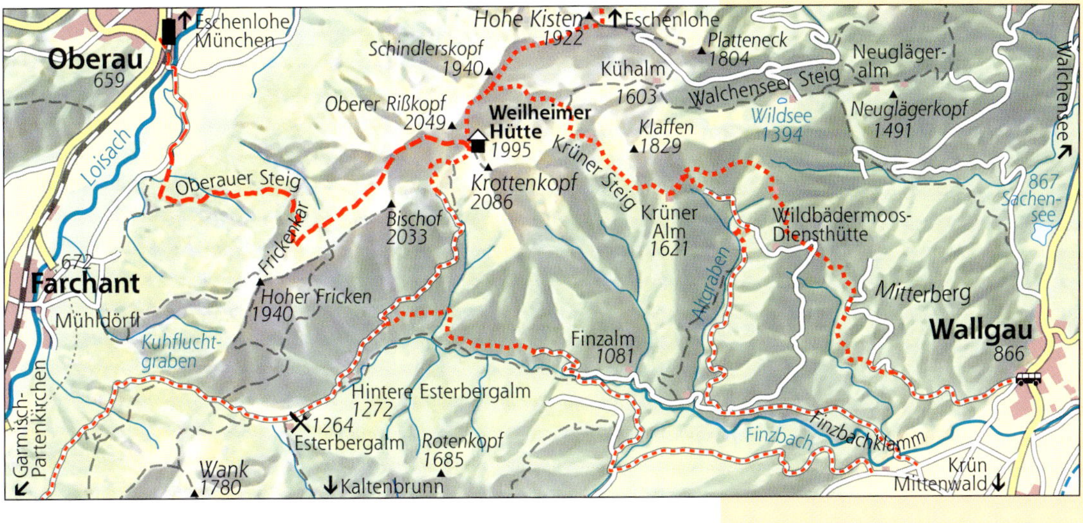

32 REINTALANGERHÜTTE

Mitten auf dem alten Weg zur Zugspitze

mittel 650 m 7 Std.

ANFAHRT

Stündliche Bahnverbindung von München nach Garmisch-Partenkirchen; das Skistadion ist vom Bahnhof aus mit den Ortsbuslinien Nr. 3, 4 und 5 bzw. zu Fuß über Bahnhofstraße, Ludwigstraße und Münchner Straße zu erreichen. Mit dem Auto fährt man von München über die A 95 nach Eschenlohe und weiter auf der B 2 nach Garmisch-Partenkirchen und dort Richtung Innsbruck. Kurz vor dem Ortsende geht es rechts zum Skistadion (beschildert) mit Parkplatz.

AUSGANGSPUNKT

Garmisch-Partenkirchen, Skistadion

HÜTTENANSTIEG

Von Garmisch-Partenkirchen über Partnachklamm und Bockhütte (4 Std.); von Garmisch-Partenkirchen mit der Kreuzeckbahn zum Kreuzeck und von dort über Hochalm, Stuibensee und Schützensteig (5 Std., Trittsicherheit und Schwindelfreiheit sowie ausreichend Getränke erforderlich) oder vom Kreuzeck über Bernadein- und Bockhütte (4 1/2 Std.); von Garmisch-Partenkirchen mit der Zugspitz-Zahnradbahn zum Zugspitzplatt und Abstieg über Knorrhütte (2 1/2 Std.); von Ehrwald über Feldernjöchl, Gatterl und Knorrhütte (4 Std.).

GIPFELZIELE

Zugspitze (2962 m, 5 Std., Trittsicherheit und Schwindelfreiheit erforderlich); Hochwanner (2744 m, 5 Std., Trittsicherheit und Schwindelfreiheit erforderlich); Schachen (1866 m, 4 1/2 Std., Trittsicherheit erforderlich)

KARTE

Kompass Wanderkarte Nr. 5, Wettersteingebirge – Zugspitzgebiet, 1:50.000

INFORMATION

Tourist-Info, Richard-Strauss-Platz 1a, 82467 Garmisch-Partenkirchen, Tel.: 08821/180700, Fax: 08821/180755, E-Mail: tourist-info@garmisch-partenkirchen.de, Internet: www.garmisch-partenkirchen.de

Das Reintal ist allen Bergsteigern ein Begriff, die schon auf den unterschiedlichsten Gipfeln des Wettersteingebirges gestanden haben. Mittlerweile kommen auch viele Bergwanderer durch die Partnachklamm herauf, um die besondere Atmosphäre des idyllisch gelegenen Tals zu erleben.

Erstbesteiger im Flohquartier Am 27. August 1820 stand Joseph Naus als Erster auf dem Gipfel der Zugspitze, mit 2962 Meter der höchste Berg Deutschlands. Der Weg zur Erstbesteigung führte die Partnach entlang hinauf ins Reintal, an dessen hinterem Ende die Nacht verbracht wurde. Am nächsten Tag ging es dann den steilen Anstieg hinauf zum Zugspitzplatt. Nachdem er dort das Geröllfeld überwunden hatte, war Joseph Naus der erste Gipfelanstieg durch den Fels gelungen.
Auch heute noch findet der alte Weg zur Zugspitze seine Anhänger, obwohl es seit der Erschließung der Höllentalklamm einen weitaus kürzeren Gipfelanstieg von Nordosten gibt. Anstelle der kleinen Blockhütte, in der Joseph Naus zusammen mit seinen Begleitern damals die Nacht verbrachte und dabei angeblich von unzähligen Flöhen gepiesackt wurde, bietet heute die Reintalangerhütte ein wesentlich angenehmeres Nachtquartier.

Durch die wilde Partnachklamm Nach einem etwa halbstündigen Anmarsch vom Skistadion in Garmisch-Partenkirchen ist der Eingang zur

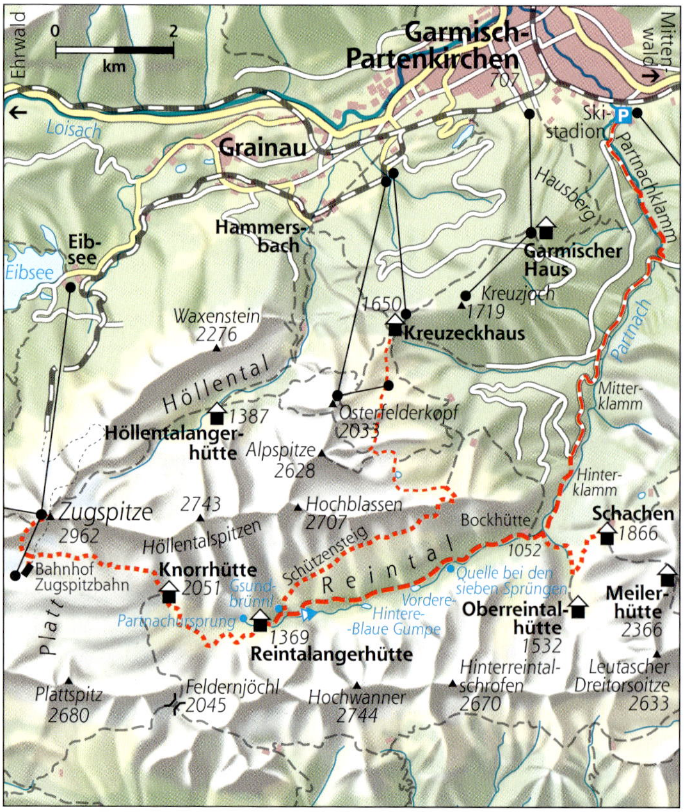

Partnachklamm erreicht. Eng an die turmhohen Felswände gepresst, folgt man dem schmalen Einschnitt, den die Partnach aus dem alpinen Muschelkalk herausgearbeitet hat. Vor lauter Getöse versteht man fast sein eigenes Wort nicht mehr. Die feuchte Gischt des hinabstürzenden Wassers dringt durch bis auf die Haut, sodass man froh ist, am oberen Ende der Klamm wieder die wärmende Kraft der Sonne zu spüren.

Über die Bockhütte zur Reintalangerhütte Nach der Partnachklamm folgt dann ein längeres unspektakuläres Stück auf einem Forstweg. Anschließend gibt es in der Bockhütte eine leckere Brotzeit inmitten der gut 600 dort weidenden Schafe. Hier beginnt das hochgelegene Reintal, das vor über 600.000 Jahren während der Eiszeit vom Inngletscher aus dem Wettersteingebirge herausgeschabt worden ist. Auf beiden Seiten stehen steil aufragende Felswände, im Talboden plätschert die Partnach gemächlich dahin. Zwischen der vorderen und der hinteren Blauen Gumpe, zwei tiefblauen, rund geformten Wasserstellen, fließt die Partnach unterirdisch durch das »Steingerümpel«. Am Wasserfall gibt es nochmals einen kurzen Anstieg, der durch einen herrlichen Blick zurück in das Reintal belohnt wird. Kurz darauf taucht die Reintalangerhütte hinter den Bäumen auf. Am Ufer der Partnach sind die Sonnenschirme aufgespannt,

HÜTTENPORTRÄT

HÖHE
1369 m

ERBAUT
1912 (DAV-Sektion München)

BEWIRTSCHAFTET
Täglich von Pfingsten bis zum dritten Sonntag im Oktober

KULINARISCHER TIPP
Kaiserschmarrn

HÜTTENWIRT
Charly Wehrle

TELEFON
08821/2903

BETTEN
23

LAGER
90

MATERIALBESCHAFFUNG
Viermal in der Saison durch einen Hubschrauber, ansonsten mit dem Geländemotorrad auf dem Steig über die Bockhütte

BESONDERHEIT
Sehr schöne Lage und gute Atmosphäre in der Hütte

Hinter der Bockhütte liegt das idyllische Reintal

überall flattern tibetische Gebetsfahnen in den Farben gelb, grün, rot, blau und weiß im Wind.

Linke Seite: Fernöstliche Atmosphäre auf der Reintalangerhütte

Der Hüttenwirt als Institution Wer von der Reintalangerhütte erzählt, kommt früher oder später auf den Hüttenwirt zu sprechen. Seit 1986 hat Charly Wehrle dort das Sagen und seinem Engagement ist es letztendlich zu verdanken, dass der Aufenthalt auf der Reintalangerhütte bei Jung und Alt gleichermaßen sehr beliebt ist. Frühmorgens werden die Hüttengäste mit dem so genannten Anger-Weckruf – einem live gespielten Musikstück für Hackbrett, Kontrabass, Akkordeon und Gitarre – sanft aus dem Schlaf geholt. Zum Frühstück gibt es dann das legendäre Anger-Müsli.

Musikalische Hüttencrew Tatkräftige Unterstützung erhält Charly Wehrle durch den Nepalesen Gyalzen, der den besten Kaiserschmarrn weit und breit zubereitet. Fast alle Mitarbeiter aus dem Team spielen ein Musikinstrument und so spielt die Hüttenbesatzung jeden Abend auf. Instrumente sind ausreichend vorhanden, sodass sich auch Gäste an der Session beteiligen können. Bei so viel guter Stimmung in der Stube ist es kein Wunder, dass die Reintalangerhütte an etlichen Tagen im Jahr überbelegt ist. Aber bisher hat noch jeder einen Schlafplatz gefunden.
Die Liebe zur Musik geht soweit, dass im Dezember 1998 die gesamte Hüttencrew mit ihren Instrumenten nach Nepal aufgebrochen ist, um Gyalzen in seinem Heimatdorf ein Ständchen zum 60. Geburtstag zu spielen. Im Gegenzug waren im Sommer 2003 fünf Volksmusiker aus der Mongolei auf der Reintalangerhütte zu Gast und stellten ihre Lieder den erstaunten Hüttenbesuchern vor.

Hilfe in der Not Während der Saison hat Charly Wehrle alle Hände voll zu tun. Zunächst sorgt er mit einer selbst ausgetüftelten Bewässerungstechnik dafür, dass der im Frühjahr von Lawinen zugeschüttete Zugangsweg wieder rechtzeitig zu Pfingsten begehbar ist. Sollte in der Küche mal etwas fehlen, saust er mit dem Geländemotorrad schnell zu Tal, um das Benötigte zu besorgen. Zudem ist Charly Wehrle sofort dabei, wenn jemand in Bergnot geraten ist. Er hat schon so manchen Menschen gerettet und, weil es schnell gehen musste, mit dem Motorrad nach Garmisch-Partenkirchen ins Krankenhaus gebracht.

DEUTSCHLANDS HÖCHSTEN GIPFEL ERKLIMMEN

Bis zum Beginn des 19. Jahrhunderts existierte nur ein Weg auf die Zugspitze, und der führte durch das Reintal. Erst durch die Begehbarkeit der Höllentalschlucht gibt es die kürzere Route von Grainau aus. Der alte Weg zur Zugspitze ist jedoch nach wie vor sehr attraktiv. Wegen der großen Entfernung empfiehlt sich eine Zwischenübernachtung auf der Reintalangerhütte.

BIKE & HIKE

Den relativ langen Anmarsch von Garmisch-Partenkirchen kann man zeitlich um einiges verkürzen, wenn man mit dem Mountainbike auf dem Güterweg rechts an der Partnachklamm vorbei bis zur Hinterklamm fährt. Von dort sind es zu Fuß nur noch etwa zwei Stunden bis zur Reintalangerhütte.

Hüttenwirt Charly Wehrle in der Küche

33 HÖLLENTALANGERHÜTTE
Die Urgewalten der Natur

mittel 650 m 3:30 Std.

ANFAHRT
Stündliche Bahnverbindung von München nach Garmisch-Partenkirchen und von dort mit der Bayerischen Zugspitzbahn oder dem Eibsee-Bus nach Hammersbach. Mit dem Auto nimmt man entweder von München die A 95 bis Garmisch-Partenkirchen und dann die Bundesstraße über Grainau nach Hammersbach oder fährt aus Richtung Ulm über die Autobahn A 7 bis Kempten und dann weiter auf der Bundesstraße über Reutte/Tirol und Grainau nach Hammersbach. In der Nähe des Bahnhofs gibt es einen großen Parkplatz.

AUSGANGSPUNKT
Grainau, Ortsteil Hammersbach

HÜTTENANSTIEG
Von Hammersbach durch die Höllentalklamm (2 Std.); von Grainau über den Stangensteig ($2\,^{3}/_{4}$ Std.); von Garmisch-Partenkirchen mit der Kreuzeckbahn zum Kreuzeck und von dort über das Hupfleitenjoch ($2\,^{1}/_{2}$ Std.)

GIPFELZIELE
Südliche Riffelspitze (2262 m, $3\,^{1}/_{2}$ Std., Trittsicherheit und Schwindelfreiheit erforderlich); Großer Waxenstein (2276 m, $3\,^{1}/_{2}$ Std., Klettererfahrung und entsprechende Ausrüstung erforderlich); Alpspitze (2628 m, $4\,^{1}/_{4}$ Std., Trittsicherheit und Schwindelfreiheit erforderlich); Zugspitze (2962 m, 6 Std., Trittsicherheit, Schwindelfreiheit und gute Kondition erforderlich).

KARTE
Kompass Wanderkarte Nr. 07, Werdenfelser Land mit Zugspitze, 1:35.000

INFORMATION
Kurverwaltung, Parkweg 8, 82491 Grainau,
Tel.: 08821/981850,
Fax: 08821/981855,
E-Mail: info@grainau.de,
Internet: www.grainau.de

Von der Höllentalangerhütte ist der Weg zur Zugspitze gut einsehbar.

Allein schon der Aufstieg durch die Höllentalklamm ist ein Abenteuer für sich. Mit ohrenbetäubendem Getöse stürzt der Hammersbach durch den schmalen Spalt zwischen den turmhohen Felswänden. Bei der anschließenden Brotzeit auf der Terrasse der Höllentalangerhütte gibt es als Zugabe einen herrlichen Blick auf die Zugspitze.

Woher kommt der Name Rinderweg? Ende des 18. Jahrhunderts waren den Menschen weder Milchquoten noch BSE ein Begriff. Ganz im Gegenteil, selbst die entferntesten Almwiesen wurden intensiv beweidet, auch wenn das Vieh auf abenteuerlichen Wegen dorthin gebracht werden musste. Eine dieser Weiden befand sich im oberen Höllental und die Rinder kamen vom Osterfelderkopf über die Rinderscharte in den Höllentalanger. Heute erinnert nur noch der Name Rinderweg daran, dass die Tiere damals den steilen Abhang überwinden mussten. Damit die Hirten während des Sommers eine Unterkunft hatten, wurde im Höllental eine kleine Hütte errichtet.

Den höchsten Gipfel Deutschlands erklimmen Doch nicht nur die Bauern interessierten sich für die alpine Berglandschaft, auch die Bergsteiger hatten ein Auge auf das Höllental. Von dort lässt sich die Zugspitze erklettern, mit 2962 Meter der höchste Berg in Deutschland. Im Gegensatz zum alten Weg durch das Reintal ist der Aufstieg zur Zugspitze durch das Höllental wesentlich kürzer. Das Interesse der Bergsteiger nahm zu und so wurde 1895 bei der kleinen Almhütte die Höllentalangerhütte erbaut. Als dann 1905 auch die Höllentalklamm begehbar gemacht wurde, war die Höllentalangerhütte dem Ansturm nicht mehr gewachsen. Sie musste in mehreren Bauabschnitten deutlich erweitert werden.

Das Erzbergwerk im Höllental Eine weitere Aktivität im Bereich des Höllentals ging schon 100 Jahre früher von den Bergwerkern aus. Nachdem insbesondere Bleierz gefunden wurde, startete 1841 der professionelle Erzabbau. Dabei wurde auch eine Holzbrücke über die Höllentalklamm sowie der heute noch erhaltene Stangensteig errichtet. Zu Beginn des 20. Jahrhunderts hat man in dem Bleierz das damals sehr begehrte Molybdän gefunden, das zur Härtung von Stahl benötigt wurde. Zum Betrieb der Presslufthämmer baute man 1917 im Fels ein vom Wasser aus dem Hammersbach angetriebenes Elektrizitätswerk. Reste des Stau-

HÜTTENPORTRÄT

HÖHE
1387 m

ERBAUT
1894, erweitert 1907, 1909 und 1925 (DAV-Sektion München)

BEWIRTSCHAFTET
Täglich zwischen Mitte Mai und Anfang Oktober

KULINARISCHER TIPP
Erbsensuppe mit Würstel

HÜTTENWIRT
Richard Prommer

TELEFON
08821/8811

BETTEN
Keine

LAGER
65

MATERIALBESCHAFFUNG
Über Materialseilbahn von der Höllentalklamm-Eingangshütte

Auf dem Weg durch die Höllentalklamm ist Regenschutzkleidung angebracht.

Am oberen Einstieg zur Höllentalklamm fließt der Hammersbach noch ruhig dahin.

beckens und der Zuleitung sind heute noch zu sehen, wenn man am oberen Ende aus der Höllentalklamm herauskommt. Der Erzabbau wurde hingegen bereits 1918 wieder eingestellt, nachdem die Vorräte im Berg zur Neige gegangen waren.

Aufstieg durch die Höllentalklamm Seit 1905 ist die Höllentalklamm durchgängig begehbar, eine Meisterleistung, die dem Ingenieur Adolf Zoeppritz und mehreren einheimischen Bergführern zu verdanken ist. Insgesamt wurden 2500 Kilogramm Sprengstoff verbraucht, 14.000 Kilogramm Eisenteile, 2000 Meter Wasserrohr und 750 Meter Drahtseil verbaut sowie 140 Zentner Zement und 70 Kilogramm Kohle zum Schmieden aufgewendet, um durch zwölf Stollen, über zwei Brücken sowie mehrere Wandstege einen Weg durch die etwa einen Kilometer lange Klamm errichten zu können.

An dem enormen Aufwand kann man leicht erkennen, wie schwierig die Baumaßnahmen waren. Manchmal mussten sich die wagemutigen Männer von oben über die Felsen abseilen, um überhaupt an ihren Arbeitsplatz zu gelangen.

Noch heute zählt die Höllentalklamm zu den beliebtesten Zielen im bayerischen Alpenraum. Eng an den Fels gepresst, um sich vor den herabfallenden Wassertropfen ein wenig zu schützen, schauen die Menschen fasziniert auf den schäumenden Hammersbach, der seinen Weg zwischen den riesigen Felsblöcken hindurch sucht. An einigen Stellen ist der Abstand zwischen den Felswänden so eng, dass gerade noch Platz für das Wasser vorhanden ist; die Wanderer müssen mit einem düsteren, feuchten Stollen vorlieb nehmen. Atemberaubend ist der Gang über die beiden Brücken, während tief darunter der Hammersbach tobt.

NACH DER TOUR IM EIBSEE BADEN

Von Hammersbach sind es mit der Zugspitzbahn oder dem Auto nur etwa 10 Minuten bis zum Eibsee, einem idyllisch unterhalb der Zugspitze gelegenen Bergsee. Die ersten Badeplätze gibt es gleich vorne am See; wer es gerne etwas ruhiger möchte, kann auf dem Rundweg ein Stück in westlicher Richtung gehen. Unterwegs gibt es immer wieder schöne Badestellen.

Ruhe auf den Almwiesen Etwas durchnässt wird nach etwa einer halben Stunde, die wie im Flug vergangen ist, das obere Ende der Höllentalklamm erreicht. Vollkommen ruhig, als wäre nichts geschehen, plätschert der Hammersbach vor sich hin. Die wärmende Kraft der Sonne tut gut. Die Ersten packen hier bereits ihre mitgebrachte Brotzeit aus, die meisten steigen jedoch gleich hinauf zur Höllentalangerhütte.
Der Blick von der Terrasse ist einmalig: Eingerahmt von der Alpspitze auf der linken und dem Waxenstein auf der rechten Seite breiten sich die schmalen Almwiesen Richtung Zugspitze aus. Die steil aufragende Felswand des höchsten Berges in Deutschland scheint auf den ersten Blick unüberwindbar. Erfahrene Bergsteiger wagen dennoch den Aufstieg, bisweilen kann man einige davon mit dem Fernglas von der Hütte aus beobachten. Sie haben in der Hütte übernachtet und sind bereits frühmorgens aufgebrochen, um nicht nachmittags von einem Gewitter im Fels überrascht zu werden.

Von der Höllentalangerhütte zum Kreuzeck Eine sehr beliebte Wanderung führt über das Hupfleitenjoch hinüber zum Kreuzeck. Von dort bringt einen die Bahn rasch zurück ins Tal. Wer an den Ausgangspunkt in Hammersbach zurück möchte, kann dazu die Zugspitz-Zahnradbahn nehmen. Alternativ dazu kann man auch übers Höllentor zur Osterfeldbahn wandern. Eine ebenfalls gerne gewählte Route hinunter nach Hammersbach ist der Stangensteig, von dem aus man einen imposanten Tiefblick in die Höllentalklamm hat. Für Kinder ist es jedoch das Schönste, auf dem Rückweg nochmals durch die Höllentalklamm zu gehen.

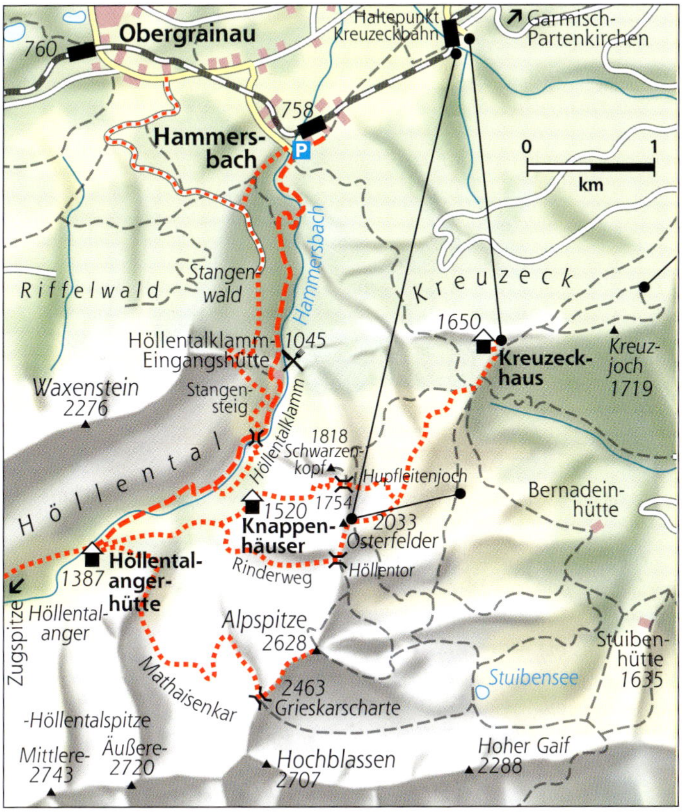

DIE PASSENDE AUSRÜSTUNG FÜR DIE KLAMM

Da in der Höllentalklamm fast überall Wasser von den Felsen tropft, ist auch an schönen Sonnentagen die Mitnahme einer leichten Regenschutzbekleidung angebracht. Zudem sind feste Schuhe mit Profilsohle unbedingt erforderlich. Bei längerem Aufenthalt in der Sonne ist eine Creme mit hohem Lichtschutzfaktor oder entsprechende Bekleidung notwendig.

Rastplatz mit Blickfang: dem tosenden Wasser kann man stundenlang zusehen

34 BRUNNENKOPFHÄUSER

Märchenschloss und Jagdhütte

mittel 650 m 3 Std.

ANFAHRT

Stündliche Bahnverbindung von München mit Umsteigen in Murnau nach Oberammergau, dann mit dem RVO-Bus Nr. 9622 weiter nach Linderhof. Mit dem Auto über die A 95 nach Eschenlohe und weiter auf der B 2 nach Oberau. Am Ortsende geht es links über die B 23 nach Ettal und von dort auf der Staatsstraße nach Linderhof. Beim Schloss gibt es einen großen gebührenpflichtigen Parkplatz.

AUSGANGSPUNKT

Schloss Linderhof

HÜTTENANSTIEG

Von Schloss Linderhof (1 3/4 Std.)

GIPFELZIELE

Brunnenkopf (1718 m, 1/4 Std.); Große Klammspitze (1924 Std., 1 1/4 Std.); Feigenkopf (1866 m, 2 Std.); Hennenkopf (1768 m, 1 1/2 Std.); Pürschling (1566 m; 2 1/2 Std.)

KARTE

Kompass Wanderkarte Nr. 5, Wettersteingebirge – Zugspitzgebiet, 1:50.000, oder Nr. 05, Oberammergau und Ammertal, 1:35.000

INFORMATION

Oberammergau Tourismus, Eugen-Papst-Str. 9a, 82487 Oberammergau,
Tel.: 08822/92310, Fax: 08822/923190,
E-Mail: info@oberammergau.de,
Internet: www.oberammergau.de

Die Bergdohlen trauen sich nahe heran.

Blick von den Brunnenkopfhäusern zum Pendling

Oberhalb von Schloss Linderhof steht eine der Jagdhütten, die König Ludwig II. gerne besuchte. Neben der landschaftlich schönen Umgebung schätzte er dort besonders den Ausblick auf die südlichen Ammergauer Alpen.

Die Geschichte der Brunnenkopfhäuser ist eng mit der von Schloss Linderhof verbunden. Schon Maximilian II., Vater des als Märchenkönig bekannten Ludwig II., hatte in dem kleinen Flecken Linderhof ein Forsthaus errichten lassen. Einige Jahre später wurden unterhalb des Brunnenkopfs die Brunnenkopfhäuser gebaut. Sie bestanden aus einer Jagdhütte, einem Haus für das Personal sowie einem Pferdestall.

Nach seiner Krönung zum König hatte Ludwig II. große Pläne: Er wollte ein Schloss nach dem Vorbild von Versailles oder in der Art eines großen byzantinischen Palastes. Zunächst beschränkten sich die Aktivitäten jedoch auf den Ausbau des Forsthauses in Linderhof zu einem »Königshäuschen«, das später durch den Anbau zweier Flügel vergrößert wurde. Das äußerlich eher bescheiden wirkende Gebäude aus Holz erhielt 1873 eine prunkvolle Ummantelung aus Stein, in den darauffolgenden Jahren entstand auch die weitläufige Parkanlage. Die endgültige Fertigstellung von Schloss Linderhof erlebte der König jedoch nicht mehr.

Königlicher Ausflug in die Berge Die Brunnenkopfhäuser waren einmal im Jahr das Ziel des »Kini«, wie König Ludwig II. in Bayern auch liebevoll genannt wird. Er legte den Weg auf dem Pferd zurück und nächtigte in der so genannten Jägerhütte, die heute zum Privatbesitz der DAV-Sektion Bergland gehört. Sie liegt direkt vor der bewirtschafteten Hütte, in der damals die Bediensteten des Königs untergebracht waren. Von der königlichen Atmosphäre ist hier allerdings nicht mehr viel zu spüren, die Gäste interessieren sich mehr für den Hüttenhund. Der Husky hat nämlich ganz im Gegensatz zu den anderen Vertretern seiner Rasse eine Vorliebe für Wärme und legt sich selbst dann noch in die Sonne, wenn es dem Hüttenwirt längst zu heiß ist.

Vom Schloss Linderhof zu den Brunnenkopfhäusern Der Aufstieg beginnt direkt am entgegengesetzt zum Schloss liegenden Ende des großen Parkplatzes und steigt durch den angrenzenden Linderwald gleich ordentlich an. Etwa auf halber Höhe quert der Weg den Bergrücken, bevor man nach einem erneuten Anstieg unterhalb des Dreisäulerkopfs direkt auf die Brunnenkopfhäuser zusteuert.

HÜTTENPORTRÄT

HÖHE
1602 m

ERBAUT
1873, erweitert 1922 (DAV-Sektion Bergland)

BEWIRTSCHAFTET
Täglich von Pfingsten bis zum dritten Wochenende im Oktober

KULINARISCHER TIPP
Gulasch

HÜTTENWIRTE
Veronika und Franz Mamhofer

TELEFON
0171/2602057

BETTEN
Keine

LAGER
35

MATERIALBESCHAFFUNG
Über Güterweg aus Linderhof

BESONDERHEIT
Ursprünglich als Gesindehaus für das Jagdhaus von König Max erbaut

Umweg über den Pürschling Zwischen den Brunnenkopfhäusern und dem östlich davon gelegenen Gipfel des Pürschling verläuft oberhalb der Waldgrenze ein sehr schöner Aussichtssteig, der Teil des Maximilianswegs ist. Dabei bleibt es jedem selbst überlassen, ob er von Schloss Linderhof zunächst auf den Pürschling steigt und dann zu den Brunnenkopfhäusern quert oder umgekehrt. Das Streckenprofil ist in beiden Fällen ungefähr gleich. Wer mit öffentlichen Verkehrsmitteln unterwegs ist, kann auch vom Pürschling nach Unterammergau absteigen und dort die Bahn erreichen.

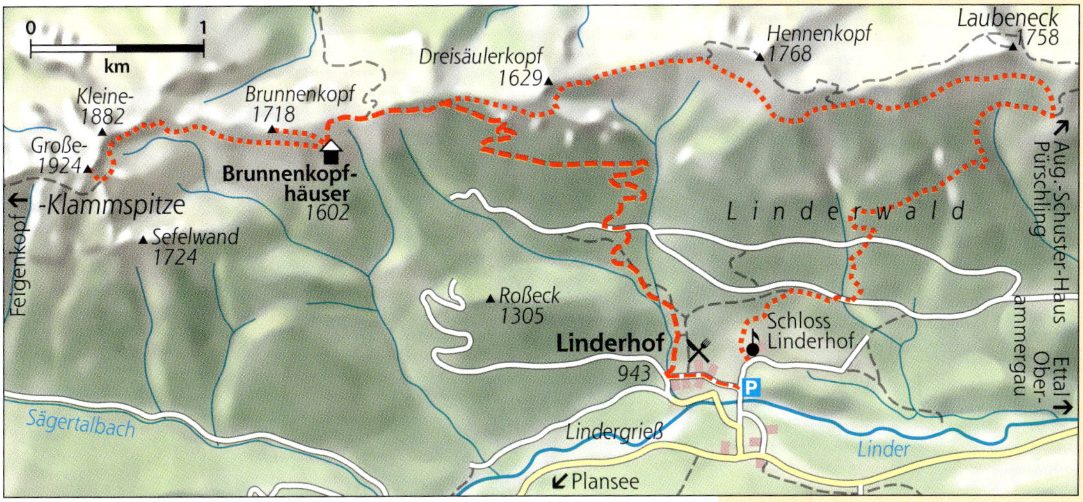

35 KENZENHÜTTE

Ein Wasserfall und seltene Alpenflora

mittel 500 m 5 Std.

ANFAHRT

Stündliche Bahnverbindung von Ulm nach Füssen und von dort weiter mit dem Bus Nr. 73 nach Halblech. Mit dem Auto nimmt man aus Richtung Ulm die A 7 und fährt vom Autobahnende weiter über Füssen oder über Seeg und Roßhaupten nach Halblech. Aus Richtung München fährt man auf der Autobahn A 96 bis zur Ausfahrt Landsberg/Lech und dann auf der Bundesstraße B 17 nach Halblech. Bei der Brücke über den Halblech am westlichen Ortsende liegt der Wanderparkplatz Bruckschmied.

AUSGANGSPUNKT

Wanderparkplatz Bruckschmied oder Schloss Linderhof

HÜTTENANSTIEG

Von Bruckschmied über Lettenfleck (2 3/4 Std.); von Halblech mit der Bahn zum Buchberg und von dort über Leiterau (3 Std.); von Linderhof über Bäckenalmsattel (3 Std.)

GIPFELZIELE

Kenzenkopf (1745 m, 1 Std.); Grubenkopf (1847 m, 2 Std.); Hochplatte (2082 m, 2 1/2 Std., Trittsicherheit und Schwindelfreiheit erforderlich)

KARTE

Kompass Wanderkarte Nr. 5, Wettersteingebirge – Zugspitzgebiet, 1:50.000, oder Nr. 05, Oberammergau und Ammertal, 1:35.000

INFORMATION

Gäste-Information, Bergstraße 2a, Ortsteil Buching, 87642 Halblech, Tel.: 08368/285, Fax: 08368/7221, E-Mail: info@halblech.de, Internet: www.halblech.de

Der Lobentalbach ist zu einem kleinen See aufgestaut.

»Ein ewiges Rätsel will ich bleiben mir und anderen«, hatte einst Ludwig II. über sich geschrieben. Das Leben des Märchenkönigs gibt nach wie vor Anlass zu Spekulationen, als sicher gilt hingegen, dass er sich mehrere Male in seinem Jagdhaus bei der Kenzenhütte aufgehalten hat. Bei einem dieser Besuche wurde der Wasserfall oberhalb der Hütte nachts mit einem

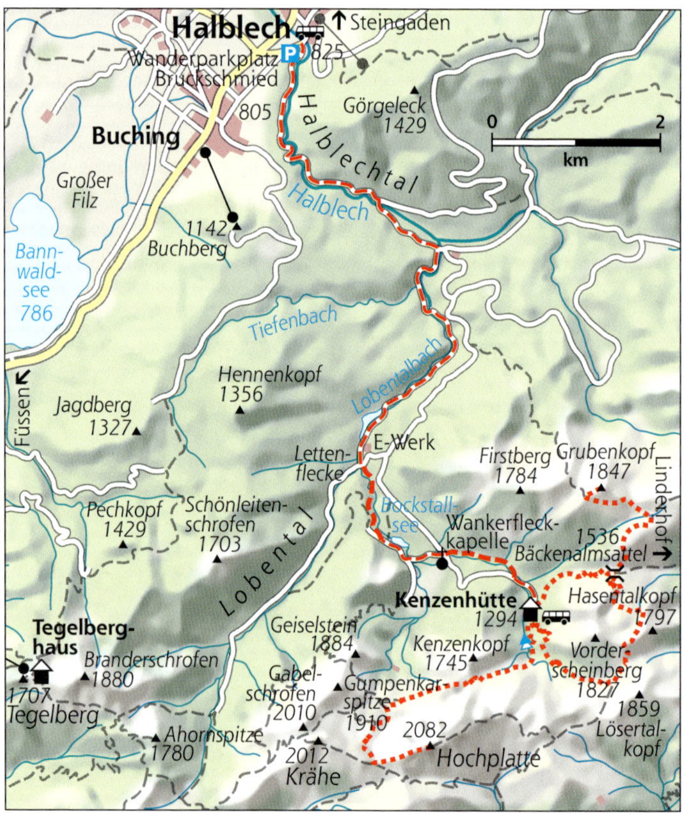

bengalischen Feuer beleuchtet. Der König nahm dabei an einer Tafel im Freien sein Abendessen ein und verweilte anschließend bis zum Morgengrauen an dem illuminierten Ort.
Noch heute ist das Jagdhaus Ziel von Bewunderern des Königs, auch wenn das Gebäude nach einem Brand komplett neu errichtet wurde und heute der Bergwacht als Stützpunkt dient. Für den normalen Wanderer üben die umgebende Landschaft und insbesondere der Wasserfall auch ohne bengalische Beleuchtung einen großen Reiz aus.

Von Halblech zur Kenzenhütte Schon allein der Anstieg zur Kenzenhütte zählt zu den schönsten im Allgäuer Alpenraum. Zunächst führt der Weg ein längeres Stück am Ufer des Halblechs entlang, wo zahlreiche Gumpen am Ende der Wanderung zu einem erfrischenden Bad einladen. Ab der Reiselsbergbrücke folgen wir rechts dem Lobentalbach, der kurz darauf zur Stromgewinnung aufgestaut wird. Ab Lettenfleck bringt uns ein schmaler Steig zum Bockstallsee, an dem es einige Badestellen gibt. Das Wasser ist allerdings selbst im Hochsommer empfindlich kalt. An der Kapelle am Wankerfleck vorbei geht es dann das letzte Stück hinauf zur Kenzenhütte.

Fantastische Gebirgsflora Im Frühsommer verwandeln sich die Wiesen rund um die Hütte in ein buntes Blütenmeer, aus dem besonders das zarte Rot der Alpenrosen sowie das intensive Blau des langstieligen Enzians hervorstechen. Jeden Donnerstagvormittag bietet die Gäste-Information Halblech eine geführte Wanderung zu diesem Thema an. Informationen dazu gibt es unter Tel.: 08368/285.

Das Ammergebirge durchqueren In einer mehrtägigen Tour kann man das gesamte Ammergebirge von West nach Ost durchwandern. Start ist in Schwangau mit der Übernachtung im Tegelberghaus. Von dort sind es durchs Lobental ca. vier Stunden zur Kenzenhütte. Erfahrene Bergsteiger können auch über die Hochplatte gehen und sind dann ca. acht Stunden unterwegs. Nächstes Ziel von der Kenzenhütte sind die Brunnenkopfhäuser (siehe Hütte 34), die etwa vier Stunden entfernt sind. Über Pürschling und Brunnberg endet die Durchquerung schließlich in Oberammergau.

Im unteren Verlauf des Halblech finden sich zahlreiche Plätze zum Kühlen der müden Füße.

HÜTTENPORTRÄT

HÖHE
1294 m

ERBAUT
Alter Teil um 1650, neuer Teil 1950, erweitert 1970 (privat)

BEWIRTSCHAFTET
Über Ostern und täglich von Himmelfahrt bis Ende Oktober

KULINARISCHER TIPP
Käsespätzle und Schupfnudeln

HÜTTENWIRT
Karl-Heinz Warner

TELEFON
08368/390

BETTEN
Keine

LAGER
50

MATERIALBESCHAFFUNG
Über Güterweg aus Halblech

36 TANNHEIMER HÜTTE

Klettern wie die Gämsen

mittel 600 m 2:45 Std.

ANFAHRT

Mit der Bahn nach Reutte in Tirol, weiter mit dem Bus nach Nesselwängle. Autofahrer gelangen wahlweise über Garmisch-Partenkirchen und Lermoos oder Füssen nach Reutte; in Weißenbach am Lech zweigt die Straße über den Gaichtpass in das Tannheimer Tal ab.

AUSGANGSPUNKT

Nesselwängle

HÜTTENANSTIEG

Von Nesselwängle direkter Anstieg zum Gimpelhaus; der steile Weg ist großzügig in Stufen angelegt (1 1/2 Std.). Etwa gleich weit ist der Anstieg von der Reuttener Hahnenkammbahn-Bergstation.

GIPFELZIELE

Rote Flüh (2111 m, 1 1/2 Std.), Gimpel (2176 m, 2 Std.), Kellenspitze (2247 m, 2 Std.); alle Gipfel nur für Geübte. Einfacher sind die Übergange zur Otto-Mayr-Hütte (3 Std.) und Bad Kissinger Hütte (5 Std.).

KARTE

Kompass Wanderkarte Nr. 04, Tannheimer Tal, 1:35.000

Oberhalb der Tannheimer Hütte trifft man auf erstaunlich zutrauliche Gamsrudel. Man kann sich bis auf wenige Meter an die Tiere heranpirschen.

Gämsen sind in der Regel scheue Tiere, die der Wanderer allenfalls aus der Ferne zu Gesicht bekommt. Nähert man sich ihnen, ertönt ähnlich wie bei den Murmeltieren ein schrilles Warnsignal und das Rudel macht sich auf zum Rückzug. Doch in den Schuttrinnen zwischen Roter Flüh und Köllenspitze scheint dieses instinktive Verhalten wie aufgehoben, jedenfalls las-

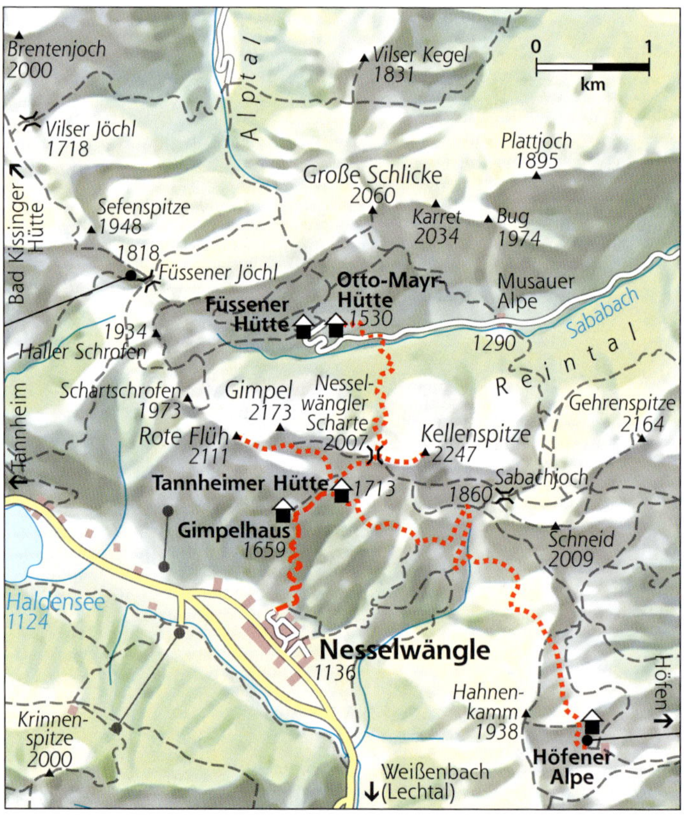

sen sich hier die Gämsen beim Fressen kaum aus der Ruhe bringen. Dieses Phänomen war uns schon vor etlichen Jahren bei einer Wanderung aufgefallen und auch im Sommer 2003 waren die Tiere sehr zutraulich. Mit entsprechenden Objektiven bekommt man sie daher formatfüllend ins Bild. Vielleicht liegt diese Zutraulichkeit ja daran, dass das Gebiet rund um die Tannheimer Hütte vornehmlich von Kletterern aufgesucht wird. Durch die Querfeldein-Kraxelei sind die Gämsen auch in unwegsamem Gelände an den Menschen gewöhnt. Und nachdem sie mit den Kletterern vermutlich keine schlechten Erfahrungen gemacht haben, ersparen sie sich beim Anblick eines Menschen die stressige Flucht.

Ein Kletterparadies Die Tannheimer Hütte ist der ideale Ausgangspunkt für die südseitigen Klettereien am Tannheimer Hauptkamm, über 100 Routen sind in der näheren Umgebung ausgewiesen. Neben den klassischen Kletterrouten wurden in den vergangenen Jahren die »Base Climbs« an der Roten Flüh, ein Klettergarten am Hochwiesler und neue Sportkletterrouten ins Leben gerufen. Bestes Terrain also auch für den Alpenverein, der hier immer wieder Kletterkurse abhält. Ein guter Teil der Übernachtungsgäste ist Stammpublikum, das sich von dieser grandiosen Kletterkulisse Jahr für Jahr anziehen lässt. Auch die Hüttenwirtin Maria Scheiber trägt zusammen mit ihrer Schäferhündin Lea seit nunmehr gut zehn Jahren zum Wohlbefinden auf der Hütte bei. Auf Anfrage hat sie Tipps und Geschichten zu den Kletter- und Wanderrouten parat. Wenn dann auch noch das bodenständige, auf dem Holzherd zubereitete Essen passt, ist die gute Laune garantiert.

Lohnende Wanderziele Doch auch trittsichere und schwindelfreie Wanderer können die felsigen Gipfelregionen für sich erschließen. Vor allem die Rote Flüh ist, von einer Schlüsselstelle abgesehen, einfach zu begehen. Hierfür wandert man von der Hütte in nordwestlicher Richtung das steile Schuttkar zur Judenscharte hinauf. Direkt über der Scharte wird eine plattige Felsstufe erklommen. Drahtseile bieten Halt, doch mangels natürlicher Griffe muss man hier vor allem bei feuchten Verhältnissen auf der Hut sein. Weiter oben wird das Gelände flacher, eindrucksvoll ist der Blick auf den gegenüberliegenden Gimpel sowie die Lechtaler und Allgäuer Alpen. Am Gipfel imponiert zudem der gähnende Tiefblick über die senkrechte Südwand in das Tannheimer Tal.

Anspruchsvolle Kellenspitze Noch über 100 Meter höher ist die Kellenspitze östlich davon. Auch dieser Berg lässt sich von geübten Bergsteigern problemlos bewältigen. Der Schlussanstieg verläuft jedoch in der schattigen Nordflanke, was uns im Spätherbst vor Jahren fast den Gipfelsieg kostete: Wir mussten ein vereistes, bedrohlich in die Tiefe leitendes Schneefeld unwegsam auf Felsen umklettern. Ansonsten war nur noch in einem kleinen Kamin die Muskelkraft gefordert. Atemberaubend schön waren die letzten Meter des Anstiegs, als wir aus der Schattenseite des Berges unvermittelt den stolzen Gipfel betraten.

Rekord bei 98 vollen Flaschen Nachdem es über die beiden machbaren Gipfelziele hinaus noch zwei schöne Übergänge zur Otto-Mayr-Hütte und Bad Kissinger Hütte sowie Abstiegsvarianten in das Tannheimer Tal gibt, findet also auch der Wanderer ausreichend Bewegungsfreiheit im Reich der Kletterer. Und sollte er sich nicht ausgelastet fühlen, kann er der

HÜTTENPORTRÄT

HÖHE
1713 m

ERBAUT
1893 (DAV-Sektion Allgäu-Kempten)

BEWIRTSCHAFTET
Mitte Mai bis Ende Oktober

KULINARISCHER TIPP
Gerichte vom Holzherd, Grillmöglichkeit im Freien, Käse- und Krautspatzen, gesottene Erdäpfel, Hüttenmarende (Brotzeit mit Tiroler Speck und Käse) sowie täglich frische Kuchen

HÜTTENWIRTIN
Maria Scheiber

TELEFON
0043/676/3423239

LAGER
22

MATERIALBESCHAFFUNG
Materialseilbahn bis zum Gimpelhaus, von dort müssen Träger Essen und Getränke zur Hütte transportieren.

BESONDERHEIT
Als eine der ersten Hütten wurde die Tannheimer Hütte 1996 mit dem Umweltgütesiegel des Alpenvereins ausgezeichnet.

Auch Kinder fühlen sich auf der Tannheimer Hütte richtig wohl.

Hüttenwirtin noch einen Trägerdienst erweisen. Diese ist nämlich darauf angewiesen, dass ihr immer wieder mal ein paar freundliche Helfer die Verpflegung und vor allem Getränke vom gut eine Viertelstunde entfernten Gimpelhaus zur Hütte tragen; bis dorthin erfolgt der Transport mit der Seilbahn. Der fotografisch dokumentierte Trägerrekord aus dem Jahr 1999 ist bis heute ungebrochen: Der Bergsteiger ließ sich seinerzeit fünf Kästen Bier mit 98 vollen Flaschen auf den Rücken und vor die Brust schnallen. Vor allem Gruppen lassen sich in Vorfreude auf das abendliche Lagerfeuer unter freiem Himmel gelegentlich zu Höchstleistungen animieren; schließlich werden dann auch immer einige Bier »vernichtet«. Alternativ sitzt man in der gemütlichen Stube und rückt schon mal enger zusammen, wenn die Hütte voll ist. Dabei ergeben sich immer wieder aufschlussreiche Gespräche, ein Einsiedlerdasein muss jedenfalls niemand fristen.

Beim Aufstieg zur Roten Flüh zeigt sich die beeindruckende Südwand des Gimpel von seiner schönsten Seite. Ein Kletterziel par excellence.

111 Jahre Tannheimer Hütte Der alte Teil der Hütte zählt im Jahr 2004 bereits 111 Jahre und geht somit auf das Gründungsjahr zurück. Am 25. Juni 1893 wurde die ursprüngliche Jägerhütte für 800 Mark erworben und etwa für den gleichen Betrag ausgebaut. Zum hundertjährigen Jubiläum beschloss man, die Hütte teilweise zu sanieren, vor allem für Abwasser, Trinkwasser und Stromversorgung wurde investiert. Streng genommen rechnen sich selbst bei voller Auslastung derlei Investitionen bei einer Kapazität von insgesamt 22 Lagern kaum. Doch irgendwann muss man ja auch einer kleineren Hütte einen modernen Anstrich verpassen.

Auf der Terrasse der Tannheimer Hütte ist es so richtig gemütlich. Im Hintergrund sind Gimpel und Rote Flüh zu erkennen.

37 SÄULINGHAUS

Guter Fernblick unter der schroffen Felswand

mittel 850 m 3:30 Std.

ANFAHRT

Regelmäßige Bahnverbindung von München entweder über Garmisch-Partenkirchen oder über Kempten. Mit dem Auto von Füssen in Richtung Reutte/Tirol bis nach Pflach. Am südlichen Ortsende geht es links (Wegweiser Säulinghaus) auf einer schmalen Asphaltstraße zunächst über die Bahngleise und anschließend über die Schnellstraße. Gleich dahinter liegt ein großer Wanderparkplatz.

AUSGANGSPUNKT

Pflach

HÜTTENANSTIEG

Vom Wanderparkplatz Pflach (2 Std.); von Reutte über Dürrenbergalpe (3 Std.); von Schloss Neuschwanstein über Wildsulzhütte und westlich um den Pilgerschrofen herum (3 Std.) oder unterhalb des Säuling vorbei (3 Std., Trittsicherheit erforderlich)

GIPFELZIELE

Säuling (2047 m, 1 Std., Trittsicherheit und Schwindelfreiheit erforderlich); Rundtour um den Pilgerschrofen (1759 m, 2 1/2 Std.)

KARTE

Kompass Wanderkarte Nr. 4, Füssen – Außerfern, 1:50.000

INFORMATION

Gemeinde Pflach, Kohlplatz 7, A-6600 Pflach,
Tel.: 0043/5672/62022,
Fax: 0043/5672/6202214,
E-Mail: gemeinde@pflach.tirol.gv.at,
Internet: www.pflach.at

Um die steilen Felsen des Säulings bezwingen zu können, ist schon etwas alpine Erfahrung erforderlich. Doch selbst wer nicht auf den Gipfel steigt, kann von der Sonnenterrasse des Säulinghauses einen fantastischen Fernblick genießen.

Durch Bergwald in die Höh Beim Wanderparkplatz führt die schmale Asphaltstraße, auf der man hierher gekommen ist, hinter der Schranke weiter bergan. Schon nach wenigen Gehminuten zweigt rechts ein schmaler Wanderweg ab. Er trägt eine rote Farbmarkierung und ist mit »Säuling« beschriftet. Er verläuft meist steil und in engen Serpentinen bergauf durch den Wald.

Nach einiger Zeit wird ein Fahrweg erreicht, dem man rechts etwa 100 Meter folgt. Dann beginnt linker Hand ein Steig schräg über den Berghang hinauf. Kurz darauf wird der Fahrweg erneut gequert. In dieser Höhe hat man bereits einen schönen Blick ins Tal sowie auf die gegenüberliegenden Tannheimer Berge.

Wenn man ihn zum dritten Mal erreicht, bleibt man auf dem Weg, der nun immer steiler ansteigt und dann abrupt unterhalb einer Felswand endet. Ab hier folgt man einem schmalen Steig durch dichten Bergwald, der zunächst steil, dann aber immer flacher werdend direkt am Säulinghaus endet.

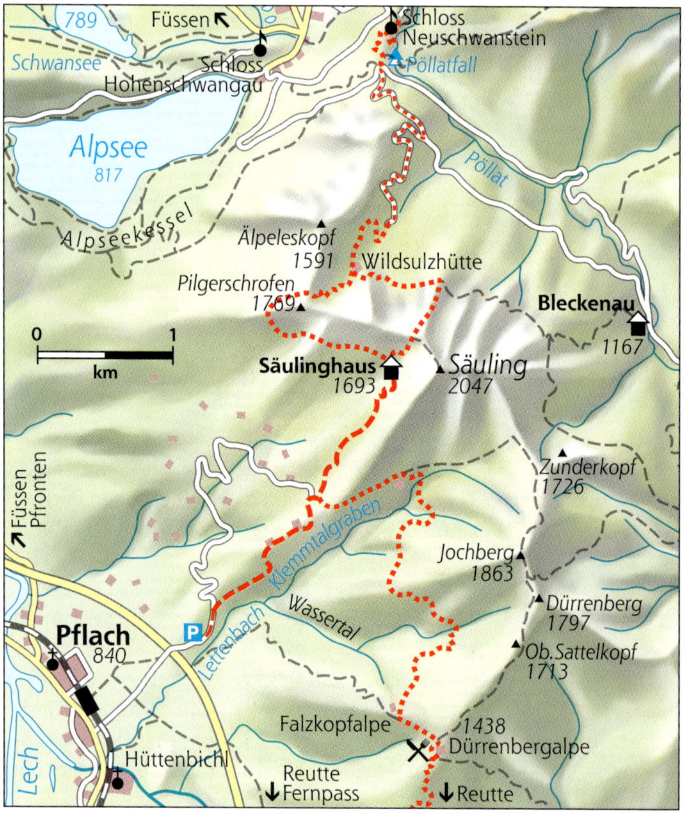

Die Sonnenterrasse genießen Der erste Platz, den fast alle Neuankömmlinge auf der Hütte anvisieren, ist die große Sonnenterrasse. Von hier hat man den schönsten Blick hinunter in das Lechtal. Dahinter sind die Gipfel der Tannheimer Gruppe aufgereiht, von links angefangen mit der Gaichtspitze (1986 m), gefolgt von Hahnenkamm (1938 m) und Schneidspitze (2009 m) bis hin zu Blachenspitze (1965 m) und Gehrenspitze (2163 m). Besonders an Herbsttagen, wenn riesige Nebelschwaden den Talkessel bedecken, wirkt die Bergkulisse weiter oben einmalig schön. Blickt man in die entgegengesetzte Richtung, sieht man die steil aufragenden Felswände von Zunderkopf (1721 m), Säuling (2047 m) und Pilgerschrofen (1759 m). Der Weg dorthin führt zunächst über ein Geröllfeld, anschließend müssen immer wieder kleine Felsen überwunden werden. Der Steig ist zwar gesichert, dennoch sind Trittsicherheit und Schwindelfreiheit absolut notwendig.
Selbst ohne Fernglas kann man unterwegs meist einige Gämsen zwischen dem Gestein herumklettern sehen. Sobald der Sattel zwischen Säuling und Pilgerschrofen erreicht ist, wird man durch einen herrlichen Blick auf das Schloss Neuschwanstein sowie den Forggensee und Bannwaldsee belohnt.

Eingespieltes Team Wieder zurück im Säulinghaus läuft der Hüttenwirt zur Hochform auf. Er bewirtschaftet bereits seit 26 Jahren das Säulinghaus und weiß, was seine Besucher wünschen. Auf Vorbestellung bereitet er leckere Wildgerichte zu, am Samstag sorgt Luigi auf der Gitarre für die anschließende musikalische Untermalung. So kommt es, dass sich mancher Wanderer so wohl fühlt, dass er gleich auf der Hütte übernachtet und erst am nächsten Tag wieder ins Tal absteigt.

HÜTTENPORTRÄT

HÖHE
1693 m

ERBAUT
1927, renoviert 1998 (Naturfreunde, Ortsgruppe Augsburg)

BEWIRTSCHAFTET
Zwischen Ostern und Mitte Mai nur am Wochenende, danach täglich bis Ende Oktober

KULINARISCHER TIPP
Heimisches Wild (auf Bestellung)

HÜTTENWIRT
Sepp Rieger

TELEFON
0043/664/2524415

BETTEN
30

LAGER
40

MATERIALBESCHAFFUNG
Mit der Materialseilbahn oberhalb von Pflach

Oben: Der Säuling ist das einzige Gipfelziel dieser Tour.

An manchen Herbsttagen ist das Tal in Nebel gehüllt, während oben die Sonne scheint.

38 BAD KISSINGER HÜTTE

Auf der Sonnenseite des Aggensteins

mittel 650 m 3:30 Std.

ANFAHRT

Stündliche Bahnverbindung von München über Kempten nach Pfronten-Ried. Mit dem Auto fährt man auf der A 7 Ulm–Kempten über die Ausfahrt Oy-Mittelberg nach Pfronten oder von München auf der B 12 über Marktoberdorf bzw. ab Landsberg auf der B 17 über Füssen nach Pfronten. Geparkt wird bei der Talstation der Breitenbergbahn. Zum Anstieg von der österreichischen Seite gelangt man von Pfronten über die Landstraße nach Enge bzw. über die Bundesstraße zwischen Bad Hindelang und Reutte/Tirol. Unterhalb von Enge befindet sich ein Wanderparkplatz.

AUSGANGSPUNKT

Pfronten oder Enge

HÜTTENANSTIEG

Von Enge über den Steig (Weg Nr. 411, 2 Std.); von Grän mit der Seilbahn auf das Füssener Jöchle und von dort über den Gräner Höhenweg (2 1/2 Std.); vom Parkplatz Fallmühle über Ostlerhütte und Breitenberg (3 1/2 Std., Trittsicherheit, Schwindelfreiheit und alpine Erfahrung erforderlich); von der Talstation der Breitenbergbahn durch die Reichenbachklamm (2 Std., nur bei trockener Witterung); von der Bergstation der Breitenbergbahn über den »Bösen Tritt« (1 1/2 Std., nur bei trockener Witterung).

GIPFELZIELE

Aggenstein (1985 m, 3/4 Std.); Brentenjoch (2000 m, 1 Std.)

KARTE

Kompass Wanderkarte Nr. 04, Tannheimer Tal, 1:35.000

INFORMATION

Tourismusverband Tannheimertal,
A-6675 Tannheim,
Tel.: 0043/5675/62530,
Fax: 0043/5675/6812,
E-Mail: info@tannheimertal.com,
Internet: www.tannheimertal.com

Im Anstieg auf die Bad Kissinger Hütte

Die Bad Kissinger Hütte liegt direkt auf der deutsch-österreichischen Grenze und ist von beiden Seiten her begehbar. Während der Nordanstieg größtenteils im Schatten liegt, bekommt man beim Südanstieg bei entsprechendem Wetter Sonne pur zu spüren.
Die Aussicht ist verlockend. Schon vom Tannheimer Tal aus ist die Bad Kissinger Hütte unterhalb des Aggensteins deutlich zu erkennen. Der gesamte Anstieg liegt in der Sonne und stellt deshalb besonders im Frühjahr und Herbst ein beliebtes Tourenziel dar. Wer hingegen mit der Bahn anreist, muss mit dem schattigen Nordanstieg von Pfronten aus vorlieb nehmen, was allerdings im Hochsommer ein angenehmer Vorteil ist. Egal, welche Route man wählt, auf der Terrasse der Hütte sitzen beide Seiten vereint am Tisch und genießen die herrliche Aussicht auf die Allgäuer Hochalpen.

Von Pfronten zur Bad Kissinger Hütte Der Anstieg von der Nordseite führt zunächst durch die Reichenbachklamm und im weiteren Verlauf am Plattenbach entlang zur ehemaligen Grenzhütte. Von dort erreicht man über den so genannten »Bösen Tritt« den Grat, von dem aus nur wenige Minuten zur Hütte zu gehen sind. Aufgrund des steilen Anstiegs über den Fels ist der »Böse Tritt« bei feuchter Witterung nicht zu empfehlen.

Anstieg von Süden Ausgangspunkt für diese Seite ist Grän. Vom Wanderparkplatz Enge folgt man zunächst dem Güterweg bis kurz vor die Talstation der Materialseilbahn. Rechter Hand führt nun ein ausgetretener Steig durch den Wald bergauf. Beim Queren des Seebachs gibt es einige schöne Stellen, um sich im Wasser zu erfrischen und eine Rast einzulegen. Danach geht es die meiste Zeit in engen Serpentinen recht steil durch den spärlich wachsenden Wald bergauf – der zunehmend schöne Blick auf die Allgäuer Hochalpen spornt jedoch an. Die beeindruckendste Stelle des Aufstiegs ist das Erreichen des Grats, wenn man auf der anderen Seite in das tief darunter liegende Vilstal blicken kann. Von hier kommen diejenigen herauf, die den Anstieg von Norden durch die Reichenbachklamm gewählt haben.

Die Variante über den Breitenberg Sehr schön zu gehen ist auch der weniger bekannte Anstieg über die Ostlerhütte. Startplatz ist der Wanderparkplatz Fallmühle, etwa auf halber Strecke an der Straße zwischen Pfronten und Grän. Zunächst zieht der Steig relativ steil durch den Wald bis zum vorderen Gipfel des Breitenbergs hoch. Hier beginnt ein Gratweg, der nur noch leicht ansteigend bis zur Ostlerhütte führt. Nach einem zwischenzeitlichen kurzen Abstieg läuft man dann auf dem »langen Strich« hinauf zum Aggenstein. In diesem Bereich geht es stellenweise steil hinab, sodass Trittsicherheit und Schwindelfreiheit erforderlich sind. Hat man den Gipfel des Aggensteins erreicht, ist es nur noch knapp eine halbe Stunde Abstieg bis zur Bad Kissinger Hütte.

Wechselhafte Geschichte Erstmals wird 1880 eine Hütte am Aggenstein urkundlich erwähnt. Später setzte sich der Name Pfrontener Hütte durch. Als 1957 die Sektion Ludwigsburg die Hütte übernahm, war sie schon so baufällig geworden, dass nur noch ein Abriss in Frage kam. Nach Errichtung der Materialseilbahn konnte 1960 auch die Hütte von Grund auf neu gebaut werden. Sie wurde später von der Sektion Bad Kissingen übernommen und von zahlreichen freiwilligen Helfern sowie dem Team der Hüttenwirtin in den heutigen Topzustand gebracht.

Spitzenplatz unter 146 Hütten Beim Hüttentest der Bayerischen Alpenvereinsjugend kommt die Bad Kissinger Hütte auf den hervorragenden siebten Platz unter insgesamt 146 bewerteten Hütten. Bestnoten gab es unter anderem für die Bewirtung, das Preis-Leistungs-Verhältnis sowie für Gemütlichkeit und Sauberkeit. Der selbst gebackene Kuchen aus guten Zutaten ist nur zu empfehlen. Viele Übernachtungsgäste schwärmen auch vom Frühstücksbüfett, das auf Hütten noch eine Rarität ist. Nicht zuletzt trägt die Lage zur großen Beliebtheit der Hütte bei.

Klettern am Aggenstein Schon im Frühjahr sind an der Südwand des Aggensteins die ersten Kletterer unterwegs, da diese dank der intensiven Sonneneinstrahlung sehr früh eisfrei und trocken ist. Typisch für den Aggenstein sind die vielen Kanten und Grate, die das Klettern etwas einfacher machen. Die Einstiege auf der Südseite sind in 15 Minuten von der

HÜTTENPORTRÄT

HÖHE
1788 m

ERBAUT
Um 1880, Neubau 1960, renoviert 1998 (DAV-Sektion Bad Kissingen)

BEWIRTSCHAFTET
Täglich zwischen Mitte Mai und dem dritten Sonntag im Oktober

KULINARISCHER TIPP
Apfelstrudel und Zucchini-Nuss-Kuchen

HÜTTENWIRTIN
Andrea Walcher

TELEFON
0043/676/3731166

BETTEN
8

LAGER
57

MATERIALBESCHAFFUNG
Über Materialseilbahn oberhalb von Enge

BESONDERHEIT
Die Hütte liegt direkt auf der Grenze zwischen Österreich und Deutschland.

DER HALDENSEE

Wer hätte nicht Lust, nach der Wanderung noch ein kühles Bad zu nehmen? Der Haldensee südlich von Grän wird von mehreren Zuflüssen gespeist und kann damit eine gute Wasserqualität vorweisen. Das Strandbad wurde am westlichen Ufer etwas abseits der lauten Durchgangsstraße eingerichtet.

Der Aggenstein oberhalb der Bad Kissinger Hütte

Bad Kissinger Hütte aus zu erreichen. Um die Nordwand besteigen zu können, ist man hingegen erst einmal 45 Minuten unterwegs.

Der Gräner Höhenweg Ein relativ leicht zu gehender Weg, bei dem nur wenige kleine Anstiege zu bewältigen sind, beginnt direkt an der Bad Kissinger Hütte. Durch die Südwestlage gibt es bei schönem Wetter durchgängig Sonnenschein, zudem hat man meist einen herrlichen Blick auf die Gipfel der Allgäuer Hochalpen. Von der Bad Kissinger Hütte geht es zunächst ein Stück weit leicht abwärts zur Sebenalpe. Danach steigt der Weg wieder etwas an und führt unterhalb der Sebenspitze (1938 m) und der Sefenspitze (1948 m) vorbei zum Füssener Jöchle (1818 m), wo es wegen der Bergbahn etwas lebhaft zugeht. Nach dem Reintaler Jöchle wird es wieder merklich ruhiger, weiter unten sieht man schon die Otto-Mayr-Hütte liegen. Nach dem Besuch des dortigen Alpenblumengartens bietet sich die Möglichkeit, entweder über das Füssener Jöchle nach Grän abzusteigen oder den Güterweg hinunter nach Musau zu nehmen, um von dort mit der Bahn nach Pfronten zurückzukehren.

Rechte Seite: Der herbstliche Sonnentag lädt zur Pause am Weg ein.

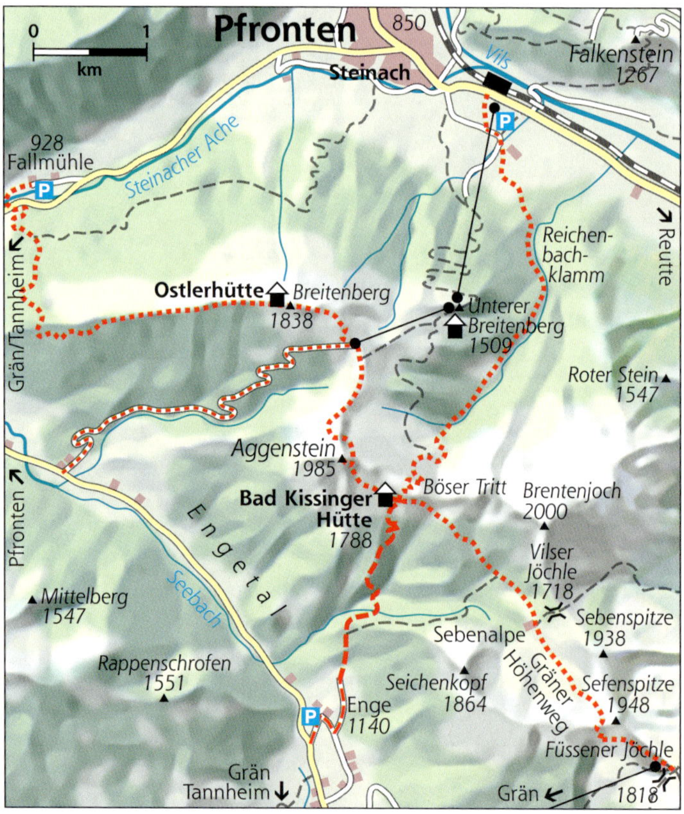

DAS PFRONTENER BERGWIESENHEU

Eine neue Einnahmequelle für ihre Bergbauern hat die Stadt Pfronten erschlossen. Ein auf 53 Grad erwärmter Heusack wird in der medizinischen Wärmebehandlung eingesetzt, wobei auch die Inhaltsstoffe seltener Gräser und Kräuter positiv auf den menschlichen Organismus wirken. Daneben wird aus dem Heu ein Körperpflegemittel hergestellt sowie ein bekömmlicher Heuschnaps. Selbst die lokalen Gastronomiebetriebe sind auf den neuen Trend eingestiegen und bereiten etliche Gerichte mit dem würzigen Heu zu.

39 SCHWARZENBERGHÜTTE

Eine Landschaft wie aus dem Bilderbuch

leicht 350 m 1:45 Std.

ANFAHRT

Stündliche Verbindung mit der Bahn aus Richtung München oder Ulm nach Sonthofen und von dort halbstündlich mit dem Urlaubsbus in 20 Minuten nach Bad Hindelang und weiter nach Hinterstein. Mit dem Auto über Sonthofen, Wertach oder Pfronten nach Bad Hindelang und weiter auf der Landstraße (7 km) nach Hinterstein. Am Ortsende liegt ein großer gebührenpflichtiger Parkplatz.

AUSGANGSPUNKT

Hinterstein

HÜTTENANSTIEG

Von Hinterstein über die Mautstraße und den Steig ab der Bushaltestelle »Schwarzenberghütte« (3 Std.); von Hinterstein über die Mautstraße und Giebelhaus (3 1/2 Std.); von Hinterstein über Engeratsgundsee (4 1/2 Std.); von der Bushaltestelle »Schwarzenberghütte« über den Steig (1 Std.); von Giebelhaus über den Güterweg (3/4 Std.)

GIPFELZIELE

Großer Daumen (2280 m, 2 1/2 Std.); Nebelhorn (2223 m, über Koblat 3 1/2 Std.); Hindelanger Klettersteig über Kleiner Daumen und Breitenberg nach Hinterstein (7 Std.)

KARTE

Kompass Wanderkarte Nr. 04, Tannheimer Tal, 1:50.000

INFORMATION

Gästeinformation, Am Bauernmarkt 1,
87541 Bad Hindelang,
Tel.: 08324/8920,
Fax: 08324/8055,
E-Mail: info@hindelang.net,
Internet: www.bad-hindelang.info

Wegen seiner schönen Lage nennen die Einheimischen das Gebiet um die Schwarzenberghütte auch Paradies.

Von außen erscheint die kürzlich komplett umgebaute Schwarzenberghütte wie ein moderner Berggasthof. Im Innern lebt jedoch die zünftige Hüttenatmosphäre genauso weiter wie zuvor.

Bei den Einheimischen heißt die Gegend um die Schwarzenberghütte auch »Im Paradies«. Die sanften Hügel sind mit saftigem Gras bewachsen, vereinzelt stehen bis zu 800 Jahre alte Ahornbäume mit weit ausladenden Kronen, dahinter bauen sich die Felswände der Allgäuer Alpen auf. Stundenlang kann man auf der Ruhebank bei der Schwarzenberghütte die herrliche Landschaft betrachten.

Die Ahornbäume rund um die Hütte sind bis zu 800 Jahre alt.

Von Hinterstein zur Schwarzenberghütte Der schönste Anstieg zur Schwarzenberghütte ist über den Engeratsgundsee. Vom Wanderparkplatz in Hinterstein nimmt man zunächst die asphaltierte Privatstraße, zweigt dann aber schon nach kurzer Zeit rechts auf den Güterweg zur Möslealpe ab. Dort quert der mittlerweile schmale Wanderweg einen Bergrücken und führt dann am Tosenbach entlang hinauf zum Engeratsgundsee. Das kleine Gewässer liegt in völliger Ruhe und Abgeschiedenheit inmitten der kargen Berglandschaft. Ab hier beginnt der leichte Abstieg, der über Gündleshütte und Käseralpe zur Schwarzenberghütte führt, wo man wieder die grünen Almwiesen um sich herum hat.

Alternative mit dem Bus Wer nicht ganz so lange zur Schwarzenberghütte wandern möchte, kann auf der asphaltierten Privatstraße von Hinterstein zum Giebelhaus bleiben, was besonders mit dem Kinderwagen und dem Mountainbike zu empfehlen ist. Von dort führt ein Güterweg in einer weiten Schleife direkt hinauf zur Schwarzenberghütte. Noch schneller geht es mit dem Bus, der jede Stunde von Hinterstein zum Giebelhaus fährt. Wer gut zu Fuß ist, kann an der Haltestelle »Schwarzenberghütte« aussteigen und über den Steig hinaufwandern.

Zünftige Hüttenatmosphäre Trotz des aufwändigen Umbaus hat die Schwarzenberghütte ihren ursprünglichen Charme bewahren können. Albert Hanschek, der Hüttenwirt, bereitet wie schon seit 17 Jahren gute Gerichte zu und auf der Terrasse genießt man weiterhin die herrliche Landschaft. Geblieben ist auch die umfangreiche Sammlung von mittlerweile über 20 Musikinstrumenten, von der Klarinette bis zur Trompete ist alles vorhanden. So können immer wieder spontane Konzerte entstehen.

Lernen in der Kletterwand In unmittelbarer Nähe der Schwarzenberghütte befindet sich eine Felswand, in der auch Neulinge das Klettern erlernen können. Wer schon etwas Erfahrung hat, kann auf dem Hindelanger Klettersteig unvergessliche Stunden in den Allgäuer Hochalpen verbringen.

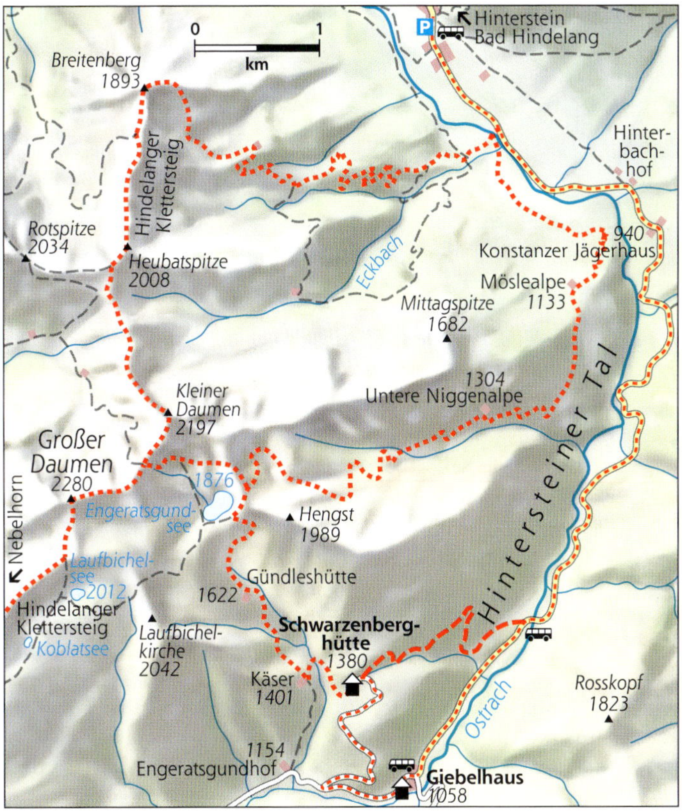

HÜTTENPORTRÄT

HÖHE
1380 m

ERBAUT
1948, 1999–2001 komplett umgebaut (DAV-Sektion Illertissen)

BEWIRTSCHAFTET
Täglich, zwischen Allerheiligen und Heiligabend geschlossen

KULINARISCHER TIPP
Gamsbraten

HÜTTENWIRT
Albert Hanschek

TELEFON
0173/3927766

BETTEN
8

LAGER
46

MATERIALBESCHAFFUNG
Auf dem Güterweg von Hinterstein

BESONDERHEIT
Klettergarten direkt bei der Hütte

Die Musikinstrumente lassen auf einen zünftigen Hüttenabend hoffen.

40 SCHWARZWASSERHÜTTE

Blick auf den Hohen Ifen

leicht 400 m 3:30 Std.

ANFAHRT

Mit dem Auto über Oberstdorf in das Kleinwalsertal. Hinter dem Ort Riezlern folgt die Abzweigung in das Schwarzwassertal; Parkplatz an der Auenhütte (Talstation des Ifen-Sesselliftes). Mit der Bahn nach Oberstdorf; dann mit dem Bus nach Riezlern und dort in weiteren Bus bis zum Ifenlift umsteigen.

AUSGANGSPUNKT

Auenhütte im Schwarzwassertal

HÜTTENANSTIEG

Bis zur Melköde auf nur leicht ansteigendem Fahrweg durch den Rüchewald talein, dann auf gut markiertem Steig in Abschnitten steil zur Schwarzwasserhütte (2 Std.).

GIPFELZIELE

Grünhorn (2039 m, 1 1/4 Std.), Steinmandl (1981 m, 1 Std.), Diedamskopf (2090 m, 2 1/2 Std.), Hoher Ifen (2229 m, 2 1/2 Std.), Ochsenhofer Köpfe (1950 m, 1 Std.), Walmendingerhorn (1990 m, 2 1/2 Std.).

KARTE

Kompass Wanderkarte Nr. 03, Oberstdorf – Kleinwalsertal, 1:30.000

INFORMATION

Kleinwalsertal Tourismus, Im Walserhaus, A-6992 Hirschegg, Tel.: 0043/5517/51140, Fax: 0043/5517/511421, E-Mail: info@kleinwalsertal.com, Internet: www.kleinwalsertal.com

Das Schwarzwassertal ist für sagenhafte Gesteinsablagerungen bekannt. Im Bild der so genannte Schrattenkalk.

Das Gipfelkreuz des Hohen Ifen zeichnet sich gegen den leicht bewölkten Himmel ab. Nach Norden zu bricht der Berg mit Felswänden abrupt in die Tiefe ab.

Das Gebiet rund um die Schwarzwasserhütte ist ein klassisches Forschungsgebiet von Geologen, Biologen und Geografen. Bereits der Hüttenanstieg durch das Schwarzwassertal verspricht mit zahlreichen seltenen Pflanzen und Tieren sowie interessanten Gesteinsformationen viel Abwechslung auf engstem Raum. Der Verein »Landschaftsschutz Kleinwalsertal« hat einen Naturlehrpfad angelegt, die Broschüre liegt in allen Tourismusbüros auf.

Höhlen im Schrattenkalk Der Hohe Ifen ist der ganze Stolz des Schwarzwassertals. Etwas unheimlich ist nur, dass sein Inneres von zahlreichen unerforschten Höhlen durchsetzt ist. Diese Höhlen konnten sich bilden, weil das in diesem Gebiet vorherrschende kalkartige Gestein, der so genannte Schrattenkalk, relativ weich und spröde ist. Das Wasser drang im Lauf von Millionen von Jahren immer tiefer in das Gestein ein und hinterließ ein Labyrinth an Gängen und Kammern. Der breite Gipfelstock zeigt sich von der Terrasse der Schwarzwasserhütte in seiner ganzen Pracht. Ihn zu erklimmen, bleibt das beliebteste Wanderziel.

Die Überschreitung des Hohen Ifen Der Aufstieg zum Hohen Ifen ist größtenteils von der Hütte einsehbar. Nach Durchschreiten einiger Bachtobel lohnt ein kurzer Zwischenstopp an der Ifersguntenalpe, und sei es nur, um sich mit einem Stück Ziegenkäse für die bevorstehende Wanderung einzudecken. Die Sennerfamilie Troy hat bei über 200 Kühen, 2 Schweinen, 4 Ziegen und 9 Hühnern zwar jede Menge zu tun, für Wanderer jedoch immer ein offenes Ohr. Gerne helfen auch die Kinder Birgit und Florian aus.

Meeresbewohner im Gebirge Von der Alpe erscheint der Hohe Ifen bereits zum Greifen nahe. Zunächst verläuft der Weg recht gemütlich über üppig blühende Wiesen. Am Fuß des Berges stoßen wir auf markante Felsformationen, die vor Millionen von Jahren von Meerwasser überspült waren. Teilweise kann man auf der Gesteinsoberfläche noch die Umrisse von Muscheln, Schnecken und Korallen erahnen, die sich seinerzeit an den Fels geklammert haben. Bei der Querung des schuttreichen Südhanges wird der Steig immer steiler, manche Passagen sind mit Drahtseilen gesichert. Schließlich erreichen wir oberhalb einer Weggabelung den kreuzgeschmückten Gipfel.

Über Endmoränen zur Ifenhütte Nach Norden bricht der Berg abrupt ab, atemberaubende Tiefblicke tun sich auf. Gut zu erkennen ist das weitläufige Gottesackerplateau, eines der größten Karrenfelder der Alpen. Großartig ist auch die Aussicht auf die Allgäuer und Lechtaler Alpen, die mit zahlreichen dunklen Spitzen kühn in den Himmel ragen. Und auch die in der Sonne leuchtenden Gletscherfelder der Silvretta sind nicht zu übersehen.

Beim Abstieg führt der Weg ein Stück weit an der Abbruchkante des Ifens entlang, bevor die steilste Passage durch einen markanten Einschnitt in die sichtbare Ifenmulde erfolgt. Unten angelangt, folgen wir dem langgezogenen Kar im Schatten der Wandabstürze abwärts. Über den Endmoränenrücken führt die Route auf einen asphaltierten Weg, der uns zur Ifenhütte leitet. Von hier gelangt man auf dem Fahrweg oder alternativ mit dem Sessellift zum Ausgangsort.

HÜTTENPORTRÄT

HÖHE
1620 m

ERBAUT
1914–22 (DAV-Sektion Schwaben)

BEWIRTSCHAFTET
Weihnachten bis Anfang März; vom 1. Juni bis Mitte Oktober

KULINARISCHER TIPP
Tiroler Brettljause, Germknödel, Apfelstrudel

HÜTTENWIRTE
Petra und Peter Zwischenbrugger

TELEFON
0043/5517/302 10 (ab 2004 Festnetz durch Stromkabel), Tal: 0043/5333/55 82

BETTEN
48

LAGER
43

MATERIALBESCHAFFUNG
Materialseilbahn ab Melköde

BESONDERHEIT
Naturlehrpfad Schwarzwassertal auf dem Weg zur Hütte

REGISTER

BILDNACHWEIS/IMPRESSUM

Bildnachweis:

Umschlagvorderseite:
Tegernseer Hütte
Kleines Bild auf Umschlagvorderseite:
Reintalangerhütte
Umschlagrückseite: Herzogstandhäuser
Seite 2: Hochlandhütte
Seite 4: Jausenstation Kalaalm
Seite 5: Wegweiser zur Kenzenhütte, Ammergauer Alpen
Seite 6o. Lobentalbach, Ammergauer Alpen
Seite 7: Die Blaueishütte ist ein beliebter Treffpunkt für Kletterer und Wanderer. Nur schattig ist es dort im Herbst.
Seite 8/9 : Die Hinterkaiserfeldenalm ist von der Vorderkaiserfeldenhütte auf einem bequemen Wanderweg erreichbar. Der Anstieg zur Pyramidenspitze verläuft von hier durch ein steiles Latschenkar.
Seite 20/21: Obwohl der Anstieg zur Gotzenalm relativ lang ist, ist die Hütte bei Wanderern ein beliebtes Ziel.
Seite 142: Am Klettersteig
Seite 143: Königsalm
Alle Aufnahmen stammen von den Autoren mit folgenden Ausnahmen: Charly Wehrle: S. 12, S. 116 re., S. 118

Ein kostenloses Gesamtverzeichnis erhalten Sie beim
Bruckmann Verlag
D-81664 München

www.bruckmann.de
www.bergsteiger.de

Lektorat: Jutta Hemminger, München
Layout: Wiebke Hengst, Ostfildern
Repro: Lana Repro
Kartografie: Christian Rolle, Umweltkartografie und Geoinformationstechnik, Holzkirchen
Herstellung: Thomas Fischer

Alle Angaben dieses Werkes wurden von den Autoren sorgfältig recherchiert und auf den aktuellen Stand gebracht sowie vom Verlag geprüft. Für die Richtigkeit der Angaben kann jedoch keine Haftung übernommen werden. Für Hinweise und Anregungen sind wir jederzeit dankbar. Bitte richten Sie diese an:
Bruckmann Verlag
Lektorat
Innsbrucker Ring 15
D-81673 München
E-Mail: lektorat@bruckmann.de

Die Deutsche Bibliothek – CIP-Einheitsaufnahme
Ein Titeldatensatz für diese Publikation ist bei der Deutschen Bibliothek erhältlich.

Printed in Italy by Printer Trento S.r.l.
ISBN 3-7654-3805-7